*Buddhismus hier & jetzt*

Lama Karta

# Buddhismus hier & jetzt

Religion ohne Gott
für die moderne Welt

Aus dem Französischen
von Renate Stolze

Ansata

Die Originalausgabe erschien 2001 unter dem Titel
»*Champs Purs & Champagne. Entretiens avec le Lama Karta,
réalisés par Jean-Marc Nikolic*«
im Verlag Kunchab Publications, Schoten, Belgien.

Der Ansata Verlag ist ein Unternehmen der
Econ Ullstein List Verlag GmbH & Co. KG

ISBN 3-7787-7186-8

# Inhalt

# Widmung

Ich möchte allen, die an diesem Buch mitgearbeitet und für seine Herausgabe gesorgt haben, von Herzen danken. Mein ganz besonderer Dank gilt Frans Goetghebeur, der mir geholfen hat, dieses Projekt auf den Weg zu bringen, der mich mit Enthusiasmus und Energie unterstützt und der sich um die Redaktion und Übersetzung der verwendeten Texte gekümmert hat.

Meine tiefe Verehrung gilt meinen Meistern Lama Zöpa, Lama Karta und Lama Tashi Nyima, den drei Juwelen von Yeunten Ling.

Ich widme dieses Buch meinen Eltern, Pascale, die mein Leben teilt, und meinen Freunden.

Mögen diese Gespräche Menschen, die den Buddhismus praktizieren wollen, auf ihrem Weg inspirieren und dazu beitragen, Frieden in die Welt zu bringen.

Jean-Marc Nikolic

# Vergangenheit und Gegenwart

# Lama Kartas Werdegang

Kindheit • Dreijahresklausur • Begegnung
mit dem Westen • Verbreitung des Buddhismus
im Westen: Motivation und Haltung der Meister •
Wie tief geht die Aneignung des Buddhismus
im Westen • Was erwartet Lama Karta
von seiner Arbeit im Westen, und wie beurteilt er sie?

Lama Karta, bitte erzählen Sie uns etwas über Ihre Kindheit, das Leben mit Ihren Eltern und die Anfänge Ihrer Dharma-Praxis.

Meine Eltern sind Tibeter. Wie man weiß, wurde mein Land von den Chinesen besetzt. Damals sind viele Tibeter aus ihrer Heimat geflüchtet, darunter auch meine Eltern. Sie kamen unabhängig voneinander in Bhutan an und haben sich dort kennengelernt; dort bin ich geboren. Es war auch in Bhutan, wo wir Kalu Rinpoche begegnet sind und wo sich ein enges Band zu ihm geknüpft hat. Kalu Rinpoche war ebenfalls aus Tibet entkommen. Er blieb eine Zeitlang in Bhutan und ging dann nach Indien, ebenso wie der Karmapa, der sein Hauptkloster in Sikkim gegründet hat.

*Wie kam es zu Ihrem ersten Kontakt mit den Lehren des Buddhismus?*

Meine Eltern waren in dieser Lebensweise verwurzelt. Sie stammten aus Familien, in denen der Dharma eine große Rolle spielte. Mein Großvater war bekannt als jemand, der den Dharma sehr ernsthaft praktizierte; er war so etwas wie ein Yogi. Ich bin also in einer Umgebung aufgewachsen, in der die Dharma-Praxis sehr lebendig war. Die Familie meines Vaters war ebenso wie die meiner Mutter mächtig, wohlhabend und in ihrer Heimat ziemlich einflußreich. Aber meine Eltern hatten durch eigene Erfahrung erkannt, daß Macht und Reichtum nicht sehr beständig sind, und sie hofften aus tiefstem Herzen, ihr Kind möge die Gelegenheit haben, sein Leben vor allem dem Dharma und der Spiritualität zu widmen. Ja, so kam ich zuerst mit dem Dharma in Berührung. Meine Aufmerksamkeit ist also sehr früh in diese Richtung gelenkt worden, zumal mein Vater eine Begabung zum Lehren hatte. Mein Vater war wirklich ein Mensch von gutem Charakter: Alle sagten von ihm, sie hätten ihn nie ärgerlich gesehen.

*Sie haben sehr jung angefangen zu praktizieren?*

Ja, sehr jung. Überall sagten die Lamas zu meinen Eltern: »Dieser kleine Junge muß zu uns kommen.« Aber da meine Eltern schon sehr eng mit Kalu Rinpoche verbunden waren, blieben sie immer in seiner Nähe, und als Rinpoche sein erstes Kloster in Sonada gegründet hatte, war ich das erste Mönchlein in seinem Kloster. Im allgemeinen durften Laien nicht im Kloster wohnen, aber meine Eltern konnten dort fast wie Nonne und Mönch leben.

Obwohl sie verheiratet waren?

Ja, obwohl sie verheiratet waren.

Und in welchem Alter sind Sie ins Kloster eingetreten?

Da unser Haus innerhalb des Klosterkomplexes stand, war ich praktisch vom ersten Atemzug an »im Kloster«.

Sie haben sich also vor allem unter Kalu Rinpoche geschult. War er Ihr Wurzel-Lama? Haben Sie auch andere Meister gehabt?

Mein Hauptlehrer war tatsächlich Kalu Rinpoche. Aber mein Vater suchte Unterweisungen überall, wo sie gegeben wurden, in der Kagyüpa-, Nyingmapa-, Sakyapa- und Gelukpa-Tradition. Auf den Wegen dorthin trug er mich als Kind auf seinen Schultern ... oder es war wohl doch meine Mutter. Wir hatten also Verbindung zu all diesen Traditionen. Ganz am Anfang, als die Tibeter gerade erst ihr Land verlassen hatten, gaben die großen Lamas viele Unterweisungen. Es gab eine große Zahl ganz hervorragender Lehrer, etwa Seine Heiligkeit der Dalai Lama oder Dudjom Rinpoche sowie bedeutende Kagyüpa- und Sakyapa-Lamas. Damals lehrten diese Meister unermüdlich. Und nicht nur diejenigen, die die Unterweisung gaben, sondern auch die, die darum baten, waren Tibeter. Das alles spielte sich tatsächlich innerhalb der tibetischen Gemeinschaft ab.

Heute ist die Situation etwas anders. Es gibt weniger Unterweisungen in Indien und sehr viel mehr hier im Westen. Und wenn man fragt: »Übrigens, wo ist denn Lama Sowieso?«, dann lautet die Antwort meist: »Im Westen« oder »In Taiwan«. Damals waren wir alle zusammen und alle in den Dharma vertieft. Die Tradition wurde in sehr reiner Form bewahrt, und die engen Bande, die uns verbanden, vertieften das noch. Kalu Rinpoche war einer dieser großen Meister des Dharma, und er lehrte mit unerschöpflicher Großzügigkeit und gab Anweisungen zur Praxis.

Sie sind, soweit ich weiß, schon in jungen Jahren in die Dreijahresklausur gegangen?

Da ich im Kloster lebte, wurde ich auch dort erzogen. Meine Eltern hielten es jedoch für besser, mir eine möglichst umfassende Erziehung angedeihen zu lassen. Also haben sie mich auch in einer externen Schule angemeldet. Wie alle Kinder hatte ich keine große Lust, in die Schule zu gehen. Aber da meine Eltern es so wollten, habe ich zwei Ausbildungen gleichzeitig erhalten. Manchmal mußte ich vier- oder fünfmal am Tag die Kleidung wechseln. Morgens standen wir um drei oder vier Uhr auf, um zu lernen. Lama Tönzang war einer meiner Lehrer; er hat mich viel unterrichtet und mir praktische Unterweisungen gegeben. Den Morgen über lernten wir zusammen, dann begannen um sechs Uhr die Pūjās. Anschließend mußte ich meine Roben ablegen und die kleine Uniform anziehen, in der wir zur Schule gingen. Gegen elf Uhr kam ich ins Kloster zurück und zog wieder meine Mönchskleidung an, um mit der klösterlichen Schulung fortzufahren. Ich hatte also genug zu tun!

Bis zum Tod meines Vaters, als ich dreizehn Jahre alt war, habe ich auf diese Weise im Kloster und in der Schule gelernt. Auch danach ging das gleiche Leben bis zum Alter von siebzehn Jahren weiter. Meine Studien führten im allgemeinen zu sehr guten Ergebnissen, und ich wollte Arzt werden oder jedenfalls ein naturwissenschaftliches Studium absolvieren. Aber als ich siebzehn Jahre alt war, setzten sich Kalu Rinpoche, Lama Tönzang und meine

Mutter zusammen und schlugen vor, ich solle ins Klausurzentrum gehen. Kalu Rinpoche sagte damals: »Es gibt viele Spezialisten und Gelehrte auf der Welt, aber sehr wenig gute Dharma-Praktizierende.« Er war überzeugt, daß es das Richtige für mich wäre, in Klausur zu gehen, und da Kalu Rinpoche, Lama Tönzang und meine Mutter der gleichen Meinung waren, sagte ich mir, das sei ein guter Rat, und habe ihn befolgt.

## DIE DREIJAHRESKLAUSUR

Bevor man den Titel eines Lama erhält, das heißt eines spirituellen Führers, ist es üblich, eine lange Klausur zu machen. Drei Jahre, drei Monate und drei Tage lang ziehen sich die Teilnehmer vollkommen vom weltlichen Leben zurück und widmen sich ausschließlich dem Studium sowie der Meditationspraxis. Damals unterschied man jeweils fünf traditionelle Fächer: als Hauptfächer Kunsthandwerk, Medizin, Sprachwissenschaft, Logik und die Wissenschaft der inneren Vorgänge; als Nebenfächer Grammatik, Poesie, Astrologie, die Künste und die Semantik. Heutzutage handelt es sich um ein ganzes Programm von sehr spezifischen Übungen und um das Studium der Texte.

Welche Erinnerungen haben Sie an diese Klausur?

Da ich vorher stets so vielbeschäftigt war, kamen mir, ehrlich gesagt, die ersten Tage der Klausur wie eine Ewigkeit vor. Die Zeit verging dermaßen langsam ... und wenn ich mir vorstellte, daß dies für drei Jahre und drei Monate so weitergehen sollte, dann war mir gar nicht wohl bei dem Gedanken! Was das Studium anging, gab es keine Probleme, ich war immer der Beste. Aber anfangs habe ich mich wirklich gefragt, wie ich das bis zum Ende aushalten sollte. Meine Mutter lebte allein außerhalb des Klausurzentrums, und seit dem Tod meines Vaters machte sie sich viele Gedanken um meine Zukunft. Auch viele meiner Freunde und Bekannten sorgten sich um mich. Ich dachte in der Klausur immer an sie alle. Aber als ich dann Fortschritte in der Praxis gemacht hatte, sagen wir nach dem ersten Jahr, verging die Zeit immer schneller, und das zweite und dritte Jahr flogen nur so dahin.

**Wurde die Klausur von Kalu Rinpoche geleitet?**

Ja. Auch Bokar Rinpoche war da sowie der Drupön, Lama Lorang, der uns spezielle Unterweisungen gab. Kalu Rinpoche kam sehr oft, um uns zu sehen. Wenn ich zurückdenke, ist mir bewußt, daß die beste Zeit meines Lebens die war, die ich in Anwesenheit von Kalu Rinpoche verbracht habe. Alle, die damals im Zentrum in Klausur waren, waren sehr jung, und viele Leute dachten, das sei nicht gut und würde zu keinen guten Ergebnissen führen. Es gab alles mögliche Gerede in dieser Richtung. Aber tatsächlich entwickelten wir uns gut, und Kalu Rinpoche freute sich zutiefst darüber. Er hat offenbar sogar während seiner Reisen in den Westen manchmal über seine Jungs in der Klausur gesprochen, die in der Praxis große Fortschritte machten.

Wenn ich Bilanz ziehe, so hat sich damals auf der Ebene der Praxis alles sehr gut entwickelt. Auch wenn meine Mutter außerhalb des Zentrums bleiben mußte, waren diese Jahre doch sehr angenehm. Auch für meine Mutter war die Zeit meiner Klausur eine besonders glückliche Zeit, da sie mich ganz in ihrer Nähe wußte. Sie brachte mir von Zeit zu Zeit sogar etwas zu essen. Heute, wo wir durch eine so große Entfernung getrennt sind, fragt sie sich viel öfter, wie es mir geht, und sie macht sich mehr Sorgen als zu jener Zeit. Die Klausur verlief also sehr gut, und als ich herauskam, hatte ich Lust, eine weitere zu machen!

**Gleich anschließend?**

Ja, sofort!

**Und was geschah dann?**

Anfangs meinte Kalu Rinpoche, ich solle nicht immer hin und her überlegen, und das beste für mich wäre, als Dorje Lopön im Kloster zu bleiben. Ich war sehr glücklich, im Kloster in der Nähe meiner Mutter bleiben zu können. Nach einer gewissen Zeit sagte Rinpoche jedoch: »Natürlich ist Sonada wichtig, aber Amerika ist auch wichtig, und da du gut Englisch sprichst, solltest du vielleicht in die Vereinigten Staaten oder nach Hawaii gehen.« Nicht lange danach kam eine Anfrage aus Frankreich. Da mein Lehrer Lama Tönzang und einige andere, die ich kannte, inzwischen in Frankreich lebten, wäre ich weit lieber nach Frankreich als in die Vereinigten Staaten gegangen. Im Grunde hätte ich am liebsten eine zweite Klausur gemacht. Aber Rinpoche war schon alt, und ich hätte mir Vorwürfe gemacht, wenn ich seinem Rat nicht gefolgt wäre. Ich hatte zwar die Absicht, mit ihm über diese Klausur zu sprechen, aber wenn ich ihn dann sah, brachte ich meine Frage nicht heraus – und ich wollte nichts gegen seinen Rat tun. So blieb ich also noch ungefähr zwei Jahre in Indien, weil es im Kloster viel zu tun gab. Dann sagte Rinpoche eines Tages: »Jetzt kannst du gehen!«, und ich bin nach Frankreich gefahren.

*Hatten Sie schon etwas Genaueres über den Westen gehört, oder war er für Sie nur ein romantisches Klischee, so wie es Tibet für viele im Westen ist?*

Ich kannte den Westen schon ein bißchen. Schließlich kamen viele Menschen aus dem Westen nach Sonada.

*Was waren Ihre ersten Eindrücke, als Sie in Frankreich ankamen und die Menschen hier etwas näher kennenlernten?*

Was mich anfangs etwas überrascht hat, war, daß es so große Wohnungen und so viele Autos für so wenige Menschen gab. In manchen großen Häusern mußte man die Bewohner regelrecht suchen. Außerdem war alles sehr sauber. Kurz gesagt, der allgemeine Eindruck war sehr positiv.

*Wie lange sind Sie in Frankreich geblieben?*

Ich blieb drei Jahre in Frankreich, in Karma Mingyur Ling, bei Grenoble, einem sehr guten Zentrum.

*Und dort haben Sie gelehrt, so wie Sie es jetzt in Yeunten Ling in Belgien tun?*

Ja.

*Wie sind Sie nach Belgien gekommen?*

Damals lebten Lama Urgyen und Lama Wangchen, mit denen ich in Klausur gewesen war, in Yeunten Ling. Lama Wangchen war gekommen, um Lama Urgyen zu helfen, ging dann aber in die Vereinigten Staaten. Yeunten Ling hat also Kalu Rinpoche gebeten, einen Lama zu schicken. Kalu Rinpoche hatte versprochen, das zu tun, und so sagte er mir, es wäre gut, wenn ich nach Yeunten Ling ginge. Das war nicht leicht für mich, weil ich viele Bekannte in Montchardon hatte. Aber Rinpoche bestand darauf: »Sie sollten wirklich nach Yeunten Ling gehen. Das wird alles sehr gut für Sie laufen. Es wird sehr segensreich sein.« So kam ich also nach Yeunten Ling. Ich habe die Ratschläge, die Kalu Rinpoche gab, immer sehr gewissenhaft befolgt.

Gehen wir ein bißchen zurück. Wie haben Kalu Rinpoche und die anderen großen Lehrer den Lamas Ihrer Generation die Notwendigkeit und das Ziel, in den Westen zu gehen, nahe gebracht?

Sie sahen darin kein Ziel oder eine Notwendigkeit. Es gab keinen Drang oder gar einen Ansturm Richtung Westen. Keineswegs. Kalu Rinpoche zum Beispiel ist zuerst von einem Amerikaner eingeladen worden; aus seinem Besuch ergaben sich dann weitere Einladungen. So hat sich der Kreis erweitert. Die Einladungen sind aus dem Westen gekommen. Wir Tibeter hatten immer das Gefühl, uns für Jahre trennen zu müssen. Derjenige, der abreiste, bereitete sich darauf vor, als ob es für Jahre wäre, denn der Westen war sehr, sehr fern. Und diejenigen, die zurückblieben, hatten das Gefühl, daß sie für sehr lange Zeit von ihren Freunden getrennt sein würden.

Man hat trotzdem das Gefühl einer Art Koinzidenz. In den sechziger und zu Beginn der siebziger Jahre sind die Lamas in den Westen gekommen. Warum gerade zu diesem Zeitpunkt?

Weil gerade damals alle Lamas zur Verfügung standen. Einerseits waren sie gerade aus Tibet geflüchtet, und andererseits gab es Einladungen, die aus anderen Kontinenten kamen. Diese Bewegung hat sich ganz natürlich ergeben. Es handelte sich eher um ein Zusammentreffen von bestimmten Umständen als um ein Projekt mit dem Ziel, den Buddhismus im Westen zu verbreiten.

Der Karmapa hat trotzdem immer wieder betont, wie wichtig es sei, in den Westen zu gehen und dort zu lehren.

---

### KARMAPA

»Der, der das Karma erfüllt«, das geistige Oberhaupt der Kagyüpas.

---

Gewiß. Kalu Rinpoche hat den Karmapa oft mit großem Nachdruck sagen hören:»Man muß in den Westen gehen, das ist wichtig. Es gibt dort ein wirkliches Bedürfnis und viele Fragen.« Der Karmapa hat im Beisein von Kalu Rinpoche tatsächlich sehr darauf gedrungen.

Ich weiß nicht genau, ob es stimmt, aber der Karmapa soll folgendes gesagt haben:»Wir befinden uns an einer Wegkreuzung. Der Buddhismus muß im Westen Fuß fassen, sonst naht eine Katastrophe.« Hat er das wirklich gesagt? Und was hat er damit gemeint?

Wo haben Sie das gehört?

In einer Fernsehsendung, wo ein Lama den Karmapa zitiert hat.

Ich habe es ihn nie sagen hören, aber es ist möglich, daß es stimmt.

Hat man mit Ihnen und den anderen Lamas über das gesprochen, was Chögyam Trungpa die große Gefahr des spirituellen Materialismus genannt hat – diese Folklore, die die Spiritualität hier ein bißchen umgibt? Es war ja auch die Zeit der Hippies, wo die Europäer den Osten entdeckten, der ihre Phantasie sehr beflügelte. Hat man Ihnen gesagt, daß Sie sich davor in acht nehmen und diese Faszination etwas brechen sollten?

---

### SPIRITUELLER MATERIALISMUS

»Etliche Seitenwege führen zu einer verzerrten, egozentrischen Version des spirituellen Lebens. Wir können uns vormachen, daß wir uns spirituell entwickeln, während wir doch in Wirklichkeit spirituelle Techniken dazu benutzen, unser Ego zu stärken. Diese grundlegende Verzerrung kann man als spirituellen Materialismus bezeichnen.«

*Chögyam Trungpa*

---

Kalu Rinpoche hat mir eines Morgens gesagt: »Es gibt im Westen viele Menschen, die Fragen stellen, und man muß darauf antworten.« Aber wir hatten schon gelernt und sehr wohl begriffen, daß es in Hinsicht auf den Buddhismus ein Irrtum und ein Fehler ist, Lehren zu erteilen, wo kein wirkliches Interesse vorhanden ist. Wenn man dagegen einen gewissen Respekt spürt, auch ein Bedürfnis, ein geistiges Streben, ein echtes Interesse, dann wäre es gleichermaßen ein Fehler, keine Lehren zu erteilen und diesen Bedürfnissen nicht zu entsprechen.

Aber der Dharma ist doch in Indien und in Tibet schon seit Jahrtausenden verbreitet. Warum hat man dann so lange damit gewartet, in den Westen zu gehen und den

Dharma dort zu lehren? Hätten Sie nicht aus Erbarmen schon viel eher versuchen sollen, den Buddhismus in unseren Ländern einzuführen?

Weil eben dies eine Grundhaltung des Buddhismus ist, nicht zu missionieren, sich weder darzustellen noch aufzudrängen. In Indien war es auch so. Erst wenn man dazu eingeladen wurde, antwortete man und gab Unterweisungen. Im Buddhismus gibt es keine Strategie, keine geopolitischen Erwägungen. Es gibt nicht die Vorstellung, daß man irgend etwas oder irgend jemanden erobern müßte. Und wenn man die Vergangenheit betrachtet – warum hat sich der Buddhismus in Tibet entwickeln können? Weil die Tibeter nach Indien gegangen sind, um ihn dort zu suchen. Und warum in China? Weil die Chinesen nach Indien gegangen sind, um Lehren zu empfangen.

Ich meinte damit jetzt nicht Bekehrungseifer. Aber hätte man nicht versuchen sollen, zum Wohle aller Wesen den Dharma bekannt zu machen, ohne im übrigen irgend jemandem etwas aufzudrängen?

In der Vergangenheit gab es im Westen auf sozioökonomischer und kultureller Ebene kein so breites Spektrum wie heute. Unter solchen Umständen konnte das Christentum wirklich Fuß fassen und sich etablieren. Heute gibt es viel mehr Denkströmungen und Fragen. Dementsprechend gibt es auch mehr Antworten, die nunmehr aus dem Buddhismus und anderen spirituellen Traditionen kommen. Und wäre es außerdem nicht gefährlich gewesen, zu früh zu kommen? Ich habe immerhin gehört, daß im Laufe der Geschichte etliche Wissenschaftler ziemliche Schwierigkeiten mit der christlichen Obrigkeit hatten.

Kann man darin auch Respekt vor den Religionen und Traditionen sehen, die bei uns etabliert waren und vielleicht den Menschen damals am besten entsprachen?

Man kann das so erklären, wenn man will.

Der Dalai Lama hat immer gesagt:»Praktiziert vor allem in eurer eigenen Tradition, es sei denn, ihr fühlt ein wahres Bedürfnis, woanders zu suchen, und könnt nicht anders.«

Ja. Andererseits ist es eine historische Realität, daß früher alles, was über die christlichen Vorstellungen hinausging, als Bedrohung betrachtet wurde. Stimmt es, daß Wissenschaftler aus diesen Gründen Schwierigkeiten bekamen?

Tatsächlich hatten viele Wissenschaftler Probleme, weil sie in Frage stellten, was zum Dogma geworden war – die Erde ist rund und keine Scheibe ... Diese Ereignisse sind in unserer Kulturgeschichte tatsächlich keine Seltenheit.

Ja. Aufgrund der schlichten Frage, ob die Erde rund oder flach sei, erlaubt man sich also, Menschen umzubringen. Das ist immerhin eine gefährliche Gegend, oder?

Ist es aber nicht der Westen, wo heute, viel später, der tibetische Buddhismus am lebendigsten zu sein verspricht?

Wenn man die Quantität der Menschen nimmt, die sich mit dem Buddhismus beschäftigen, dann stimmt das. Was jedoch die innere Verwirklichung angeht, so weiß ich nicht, ob man das jetzt schon so sagen kann.

Glauben Sie, daß es große westliche Lamas geben wird, westliche Rinpoches, oder wird das noch geraume Zeit brauchen?

---

### RINPOCHE

Wörtlich:»Kostbarer«. Ein Ehrentitel, der inkarnierten Lamas und großen spirituellen Lehrern vorbehalten ist. Dieser Titel wird an ihren Namen angehängt.

---

Natürlich ist alles möglich. Allerdings dürfte es sehr schwer sein, das gleiche Niveau zu erreichen wie früher, da es ziemlich schwierig ist, hier alle notwendigen Bedingungen zu vereinen. Auf der Ebene perfekter Kenntnisse, ja, sicherlich. Was aber die Praxis angeht und damit die Verwirklichung, bleibt die Frage offen.

Aber ist es denn nicht so, daß Geist im Grunde immer Geist ist, sei er nun asiatisch oder westlich. Können nicht alle in gleicher Weise an ihrem Geist arbeiten, wo auch immer?

Ja, natürlich!

Sehen Sie also ein besonderes Hindernis für die Praxis bei uns in Europa? Mangelt es uns an etwas ganz Bestimmtem, so daß wir nicht ebenso effektiv praktizieren können wie die Tibeter?

In einer Gesellschaft, wo die Technologie so hoch entwickelt ist und man nur noch auf einen Knopf zu drücken braucht, hat man sich angewöhnt, schnelle Resultate zu erwarten. Mir scheint, daß diese Illusion in Tibet nicht vorhanden ist, wie übrigens im Buddhismus allgemein, auch in den anderen Ländern. Wir sagen uns, daß man den Prozeß vom Anfang bis zum Ende durchlaufen muß. Dagegen hat man hier im Westen das Resultat im Visier, und man möchte es so schnell wie möglich erreichen. Ich glaube, daß das einige Probleme aufwirft.

Aber im Tantrismus heißt es doch, daß ein Mensch, der über Hingabe, Ausdauer, die intellektuellen Fähigkeiten und so weiter verfügt, die Erleuchtung in nur einem Leben erreichen kann. Entspricht das nicht dem – im Westen vielleicht übertriebenen – Bedürfnis der westlichen Menschen nach Effizienz? Paßt das Vajrayāna nicht besonders gut zu uns Europäern?

Vielleicht. Aber man muß die Übungen auch durchführen! Es ist wahr, daß man in nur einem Leben Erleuchtung erreichen kann. Man kann ein sehr hohes Niveau erreichen, aber man kann in einem Leben auch sehr tief fallen. Man muß also trotzdem wachsam bleiben.

Der kommende Buddha wird auf einem Stuhl sitzend dargestellt, ein bißchen auf westliche Art. Könnte er aus dem Westen kommen?

Das müßte im »Sūtra aus der Epoche des Guten Omens« geschrieben stehen.

Wie auch immer, ich sehe darin eher ein Bild. Aber es stimmt doch wohl, daß der Buddhismus für die Menschen bei uns sehr segensreich sein könnte?

Ob er aus dem Westen kommt oder nicht, das ist nicht so wichtig. Auf jeden Fall wird der zukünftige Buddha ein vollkommenes Wesen sein. Der Buddhismus breitet sich heute aus, und wenn diese Ausbreitung einen positiven Verlauf nimmt, um so besser. Aber wenn wir so tun, als liefe alles wunderbar, während in Wahrheit der Niedergang nicht sehr weit ist ...

Ist das ein Eindruck, eine Feststellung oder schon eine potentielle Gefahr?

Das gehört zur Geschichte des Buddhismus. Der Buddha selbst hat von der Geburt, der Ausbreitung und dem Niedergang des Buddhismus gesprochen. Wie er klar sagte, zeigen in den meisten Fällen Anzeichen im Kern der Erscheinungen selbst, daß Kräfte am Werk sind, die zum Niedergang und zum Verschwinden führen.

Sind wir gegenwärtig in dieser Situation?

Heute sind wir noch voll in der Phase der Ausbreitung.

Im tibetischen Volk war die Praxis des Dharma sehr verbreitet. Trotzdem wurde es Opfer eines Völkermords. Wie kann man das vom Standpunkt des Karma erklären? Handelt es sich um ein sehr altes Karma, das herangereift ist und den Dharma aus Tibet herausgetrieben hat?

Sicher kann man darin das Reifen eines Karma *a posteriori* sehen. Aber es handelt sich hier nicht allein um ein spezifisch tibetisches Karma. Es ist eher ein gemeinsames oder universelles Karma: Die Leiden des tibetischen Volkes sind die gleichen wie die vieler anderer Menschen.

Um noch einmal darauf zurückzukommen: Können wir erwarten, daß sich verwirklichte große Lehrer im Westen inkarnieren?

26

Ja. Übrigens ist das schon geschehen – in Spanien, Frankreich und den Vereinigten Staaten; und das betrifft sowohl Männer als auch Frauen.

Sie sprechen von Frauen. Kommen sie nicht in immer größerer Zahl zum Dharma?

Ja. Im Westen praktizieren viele Frauen den Dharma. Sie sind interessiert, sie wollen praktizieren und sie praktizieren gern. Weil sie dazu neigen, helfen zu wollen, sind sie vielleicht zahlreicher als die Männer. Man kann feststellen, daß sie sich wirklich für die Philosophie interessieren, daß es ihnen um Vertiefung geht. Darum kommen sie zum Buddhismus. Die Männer kommen vor allem wegen ihrer Probleme mit den Frauen!

In manchen buddhistischen Texten findet man die Aussage, wenn man Erleuchtung erlangen wolle, sei es besser, den Körper eines Mannes zu haben. Mir scheint, daß sich viele Frauen noch etwas abgewertet fühlen, weil sie aufgrund dieser Texte als für die Praxis weniger begabt angesehen werden. Ich vermute, daß es sich um eine falsche Auffassung handelt, um so mehr, als der Buddhismus, und vor allem das Vajrayāna, große Yoginīs hervorgebracht hat?

Es ist ein fundamentaler Irrtum, diese Texte als abwertend zu interpretieren. Die meisten dieser Quellen stammen aus Indien, und in Indien ist der Status der Frau bis heute sehr niedrig; deshalb haben die Inderinnen es also sehr schwer. Aber es wäre ein Irrtum, wenn man das aus den Texten herauslesen wollte. Die Worte des Buddha waren revolutionär. Er sagte nämlich, man dürfe sich nicht auf den sozialen Status oder äußere Aspekte stützen; es komme vor allem auf die inneren Qualitäten an, und deshalb sei es unwichtig, ob man Mann oder Frau ist.

Wir haben gerade vom möglichen Niedergang des Buddhismus gesprochen, und ich entdecke da einen Widerspruch: Einerseits heißt es, unsere Epoche sei sehr begünstigt, weil der zuletzt erschienene Buddha das Kleine und das Große Fahrzeug und auch die Tantras gelehrt hat, was äußerst selten ist. Andererseits spricht man von unserer Zeit als von einer degenerierten Epoche. Wie passen diese beiden Behauptungen zusammen?

Was die Lehren angeht, sagt man, daß wir ein überaus günstiges Kalpa erleben. Aber in Hinsicht auf die Gewohnheiten der Menschen leben wir in einer degenerierten Epoche. Ich muß sagen, daß ich, seitdem ich im Westen bin, auf allen Ebenen keinerlei Fortschritt sehe. Die Art, wie die Menschen reagieren, die Krankheiten, der in den Ländern so ungleich verteilte Wohlstand – man kann feststellen, daß sich die Situation auf der ganzen Welt im allgemeinen eher verschlechtert als zum Besseren entwickelt.

Sie verschlechtert sich jedenfalls für viele, das ist klar.

Sie sagen es selbst.

Aber noch einmal: Wie kommt es, daß wir uns gleichzeitig in einer sehr begünstigten Epoche und in einer Situation des Verfalls befinden?

Jede Epoche ist von den Sitten und Gebräuchen der Menschen beeinflußt. Selbst wenn eine Epoche grundlegend positiv ist, fällt sie unter diesen Einfluß. Sie wird von den Lebensgewohnheiten geprägt, die die Menschen annehmen. Wenn zum Beispiel bei einem großen Fest, wo viele

Gäste anwesend sind, jemand erscheint und zu trinken anfängt und aus Eifersucht, Stolz, Aggressivität oder aus Mißverständnissen heraus Ärger macht und Mißstimmung verbreitet, so kann man sagen, daß die ganze Umgebung unvermeidlich durch die Handlungsweise dieser Person beeinflußt wird.

Was erwarten oder erhoffen Sie vielmehr von Ihrem Engagement, Ihrer Anwesenheit hier in Belgien – über die Tatsache hinaus, daß Sie die Menschen zu eigener Praxis anleiten wollen? Welches Ziel verfolgen Sie bei all Ihren täglichen Aktivitäten, bei den zahlreichen Seminaren, den Konferenzen, den Treffen mit Menschen und so weiter? Was ist wirklich Ihr allgemeinster Wunsch, was Ihre Anwesenheit hier betrifft?

Zuerst einmal muß man wissen, daß ich selbst den Dharma praktiziere.

Im Westen hatten einige Menschen die Bitte an Kalu Rinpoche herangetragen, einen Lehrer zu bekommen. Deshalb meinte Rinpoche, es wäre eine gute Sache, wenn ich dort hinginge. Mir selbst ist es weder in den Sinn gekommen noch hatte ich das Verlangen, in den Westen zu reisen oder dort zu leben. Ich hatte andere Pläne.

Da ich hierher geschickt worden bin, mußte ich, da ich nun einmal hier war, meine Aufgabe angemessen erledigen, das heißt in Übereinstimmung mit den Lehren des Dharma. Da es bei der Bitte der Menschen hier darum geht, eine Gelegenheit zu finden, den Dharma kennenzulernen, zu studieren und zu praktizieren, erwartet man von mir, daß ich auf transparente und authentische Weise Unterweisungen gebe und eine Möglichkeit des Vorgehens aufzeige, die mit den Ratschlägen des Buddha und dem Dharma übereinstimmt.

Und dann darf man natürlich nicht nur reden, das Wort

ergreifen, wie es heißt; die Dinge müssen auch mit einer echten Erfahrung auf der Praxisebene zusammengehen. Es ging also nicht in erster Linie darum, etwas zu tun, was die Leute gut finden; es durfte nicht ausschlaggebend sein, ob die Leute das, was ihnen angeboten wurde, mochten oder nicht. Natürlich muß man ihnen gefallen, um ihnen helfen zu können; aber das Ziel bei dieser Hilfe ist es vor allem, authentische Mittel und Wege anzubieten, die den Lehren des Dharma entsprechen.

Meine Hoffnung und auch mein Wunsch bestehen darin zu erleben, daß Menschen, die sich für den Dharma interessieren, die sehr motiviert sind und die ihre Handlungen im Sinne des Dharma ausrichten wollen, über Methoden verfügen, die aus einer derart vollkommenen Quelle stammen, wie die Lehren und Ratschläge des Buddha sie darstellen; daß sie dahin kommen, sie auch im täglichen Leben anzuwenden, mit dem Ziel, sich zu entwickeln und gleichzeitig anderen zu helfen.

Ich kann sagen, daß ich bis heute, nach den fünfzehn Jahren, die ich nun in Frankreich und Belgien bin, den Eindruck habe, nicht wenigen Menschen geholfen zu haben. Das ist sicherlich ein Grund zur Dankbarkeit und Freude, denn diese Hilfe ist nicht eingleisig. Mit anderen Worten, ich betrachte mich nicht als eine sehr wichtige Person, die vielen Menschen hat helfen können. Wir haben uns gegenseitig geholfen.

Ich hätte dazu noch eine Frage: Haben Sie aufgrund der Erfahrung, die Sie in diesen vielen Jahren gesammelt haben, auch an Ihrer Art und Weise, den Dharma im täglichen Leben anzuwenden, etwas geändert, oder folgen Sie im Grunde immer der gleichen Linie? Hat der Kontakt zu den Menschen im Westen Sie dazu gebracht, Ihre Art zu handeln etwas anzupassen, oder folgen Sie einer von Anfang an vorgegebenen Methode?

Man muß natürlich bedenken, daß Ost und West, die Tibeter und die Europäer, eine etwas unterschiedliche Art haben, an die Dinge heranzugehen. Im Westen hört man zum Beispiel nicht auf, Fragen zu stellen, und solange man keine Antwort erhält, ist man nicht zufrieden. Manchmal stellt man sogar Fragen, wartet erst gar nicht die Antwort ab und stellt noch weitere Fragen. Am Anfang ist es ganz vernünftig und akzeptabel, Fragen zu stellen, auch sich selbst, das ist eine gute Sache.

In Tibet nimmt man die Beziehung zu einem Lehrer eher auf, um Unterweisungen zu erhalten; die Phase, wo alles in Frage gestellt wird, ist nicht so wichtig. Im Westen muß man in Betracht ziehen, daß die Menschen das Bedürfnis haben, etwas zu erforschen, es immer wieder zu überprüfen und in Zweifel zu ziehen. In diesem Sinn kann man sagen, daß der Dharma sich nicht geändert hat, aber die Art, ihn darzustellen, und seine Vermittlung etwas anders gehandhabt werden. Man muß den Lebensstil berücksichtigen, die Tendenzen, die an dem Ort herrschen, wo man sich befindet.

Einerseits ist dieses Fragen, das Infragestellen, unerläßlich. Man sollte es aber nicht übertreiben. Manchmal merkt man, daß gewisse Personen alles, was man sagt, sofort und fast blind akzeptieren. Sie trinken förmlich all deine Worte, und man fragt sich dann: »Sind diese Menschen nicht allzu naiv, alles so schnell und sofort zu akzeptieren?«

Wenn alle – diejenigen, die immerzu Fragen stellen, und diejenigen, die alles akzeptieren, die zuviel Zutrauen haben – ihre Haltungen ein wenig überdenken würden, käme man vielleicht zum rechten mittleren Weg.

# Der historische Buddha
# und die anderen Buddhas

## DER BUDDHA

*Buddha (Sanskrit, Pāli), wörtlich: »der Erwachte«.*
Der historische Buddha wurde 563 vor unserer Zeit-
rechnung geboren. Er war der Sohn eines Fürsten
aus dem Geschlecht der Shākya, deren kleines Reich
sich über die Ausläufer des Himālaya im Gebiet des
heutigen Nepal erstreckte. Sein Vorname war Sid-
dhartha und sein Familienname Gautama, daher der
Name Gautama Buddha. Während seiner Zeit als
wandernder Asket erhielt er den Beinamen Shākyamuni, »der schweigende Weise aus dem Geschlecht
der Shākya«. Er erreichte den Zustand des vollkommenen Erwachtseins in Bodhgayā in Indien. Bis
zum Alter von 81 Jahren gab er Unterweisungen, die
später unter der Bezeichnung »Worte des Buddha«,
Dharma oder Buddhismus bekannt wurden.

> ### Der Zustand der Buddhaschaft
> Buddhaschaft ist Verwirklichung, die es erlaubt, dem Kreislauf der Existenzen (*samsāra*) zu entkommen und die absolute Befreiung (*nirvāna*) zu erreichen. Auch wenn er weiterhin Angenehmes und Unangenehmes empfindet, ist ein Erwachter, ein Buddha, nicht länger Sklave seiner Gefühle. Der historische Buddha unseres Zeitalters ist Shākyamuni.
>
> ### Das Buddha-Prinzip
> Während das Hīnayāna nur die Existenz eines einzigen Buddha in einem Zeitalter gelten läßt, erkennt das Mahāyāna die Existenz zahlloser Buddhas an. Nach dieser Auffassung manifestiert sich das Buddha-Prinzip in drei Formen, die man die Drei Körper (*trikāya*) nennt.

Der Buddha Shākyamuni ist der vierte Buddha des gegenwärtigen Weltzeitalters, in dem es tausend Buddhas geben wird. Aber wer war Shākyamuni in seinen zahlreichen vorangegangenen Leben?

Tatsächlich erstreckt sich das über viele Kalpas. In den Texten ist die Rede von fünfhundert reinen Leben und fünfhundert unreinen Leben des Buddha Shākyamuni. Man findet die Geschichte dieser Leben in den *Jātaka* (»Geburtsgeschichten«).

Ich vermute, daß er in den letzten Leben schon ein sehr fortgeschrittener Bodhisattva war. Aber hat er schon den Buddhismus praktiziert?

Bei einer ganzen Reihe von Leben kann man nicht davon sprechen, daß er den Buddhismus praktizierte, denn es gab diese Bezeichnung ja noch gar nicht. Aber er übte sich beständig in der Tugend. In einigen Leben war er zum Beispiel Arzt oder König. Zahlreiche Geschichten zeigen den Edelmut und die Großzügigkeit dieses Wesens.

Die Lebensgeschichte des Buddha Shākyamuni ist bekannt, und es gibt heute sogar Filme darüber. Man sieht, daß er ein glückliches Kind gewesen ist, daß er Frau und Kind gehabt hat, aber offenbar sind etliche Jahre vergangen, bevor es einen Auslöser gab: seine Begegnung mit dem Leiden. Es ist doch wohl so, daß viele große zeitgenössische Lehrer, Erwachte, sich schon von frühester Kindheit an als Praktizierende zu erkennen gegeben haben. Das ist beim Buddha nicht der Fall. Was bedeutet dieser Unterschied?

Man muß bedenken, daß die Verantwortung des Buddha sehr viel größer ist. Aber auch in seiner Biographie erkennt man, daß er schon als Kind ein außergewöhnliches Wesen war. Er stellte sich schon früh ganz bewußt Fragen wie: »Woher kommt dieses, woher kommt jenes?« Und er vermochte einen Text nach einmaliger Lektüre zu behalten. Ja, er kannte sogar die Anzahl der Teilchen im gesamten Universum. Das war doch ein ganz außergewöhnliches Wesen!

Aber man weiß, daß all die großen Bodhisattvas ihre Wiedergeburt wählen, daß sie praktisch schon im Mutterleib Bewußtsein haben. Dagegen hat man beim Buddha, auch wenn er außergewöhnlich ist, den Eindruck, daß er doch zunächst so lebt wie alle anderen, ohne sich über seinen Entwicklungsstand im klaren zu sein.

Tatsächlich hat der Buddha die Umstände seiner Geburt genau richtig gewählt, seine Mutter, seine soziale Stellung. Man erzählt, daß er in der Welt der himmlischen Wesen lebte und sich dort die Frage stellte, auf welchem Wege er in die Menschenwelt eintreten sollte. Die Antwort war der Weg, den der Elefant, der seiner zukünftigen Mutter im Traum erschien, wies. All das war das Ergebnis einer sehr bewußten Wahl.

Als der Buddha sich entschlossen hatte, das weltliche Leben aufzugeben, geriet er einige Jahre lang bei den hinduistischen Asketen auf Irrwege und wählte dann, ganz plötzlich, den Mittleren Weg. Hat er also noch andere Meister gehabt, die ihn auf diesen Mittleren Weg geführt haben, oder hat er ihn ganz allein gefunden und dann praktiziert?

Er hat eine Einsicht entwickelt, die aus der Kraft der Meditationspraxis entsprang. Man kann sich vorstellen, daß es möglich ist, zu diesen Formen des vollkommenen Wissens zu gelangen, wenn man den Weg der Übung der Meditation geht.

Und wenn Sie von Meditation sprechen, entspricht diese dann der heutigen Praxis der buddhistischen Meditation?

Es ist genau dieselbe.

Das ist also etwas, das er spontan entwickelt hat?

Man muß begreifen, daß so etwas nicht vom Himmel fällt. So etwas ist auch das Ergebnis eines Reifungsprozesses, der sich über viele vorangegangene Leben erstreckt und immer mehr vertieft hat. Der Buddha hat sich außerdem auf Ratschläge gestützt, die er von anderen erwachten Wesen erhalten hat. Es handelt sich also tatsächlich um etwas, was gewissermaßen aktiviert wurde.

Kann man sagen, daß der Buddha Shākyamuni bei seiner Geburt bereits vollkommen erwacht und sein ganzer Lebensweg als eine Lehre, als lebende Illustration des Erwachens für uns gemeint war?

Es gibt mehrere Erklärungsmöglichkeiten. Manche sagen, der Buddha habe den Zustand des vollkommenen Erwachtseins erreicht, als er ins Nirvāna einging. Andere sagen, er sei schon vollkommen erwacht gewesen, bevor er geboren wurde. Wieder andere meinen, er habe den Zustand des vollkommenen Erwachtseins in Bodhgayā erreicht. Jede Erklärung hat ihre Gültigkeit. Man geht insofern bei der Einschätzung nicht fehl, als der Bezugspunkt immer jenes Wesen ist, das den Zustand völligen Erwachtseins erreicht hat. In diesem Sinn bleibt das Wesentliche innerhalb der verschiedenen Argumentationsweisen gewahrt. In machen Ländern, wie zum Beispiel in Thailand, mißt man dem liegenden Buddha mehr Bedeutung zu als dem sitzenden, weil nach thailändischer Auffassung der Buddha in diesem Moment* den Zustand vollkommenen Erwachtseins erreicht hat.

Aber ich versuche zu verstehen, warum der Buddha Shākyamuni diese ungeheure historische Bedeutung hat. Seitdem haben Hunderte von Wesen Erleuchtung erlangt. Warum ist er die Grundlage des Dharma? Ich verstehe nicht, warum er im Vergleich zu all den Lehrern, die es vor und nach ihm gegeben hat, eine so besondere historische Bedeutung hat.

---

\* Im Moment des Eingangs ins »endgültige Verlöschen« (parinirvāna) bei seinem physischen Tod. (Anm. d. Red.)

Das gehört zur Geschichte unserer Zeit. Es ist eben der Buddha Shākyamuni, der in unserer Ära erschienen ist. Man weiß wohl, daß seine Lehren später einen Niedergang erleiden und dann ganz verschwinden werden, um anderen erwachten Wesen Raum zu geben. Aber es heißt trotzdem, daß unter allen erwachten Wesen dieser vierte Buddha als eine ganz besondere und außergewöhnliche Erscheinung betrachtet werden kann.

---

YĀNAS

Im Buddhismus gibt es drei Strömungen oder »Fahrzeuge«:

*Hīnayāna oder Theravāda*
Eine Tradition des Buddhismus, die auf dem ersten Zyklus von Unterweisungen des Buddha Shākyamuni gründet. Das Streben nach Befreiung des Individuums und die Idee von der Selbst-Losigkeit (*anātman*) der Person sind zwei grundlegende Merkmale dieser Richtung. Theravāda, »die Schule der Alten«, ist die einzig überlebende Schule, die der Philosophie des Hīnayāna entspricht.

*Mahāyāna*
Der zweite und dritte Zyklus der Lehren des Buddha Shākyamuni. Das Ideal des Bodhisattva und die Vorstellung der Selbst-Losigkeit der Erscheinungen sind die beiden grundlegenden Merkmale dieser Richtung.

*Vajrayāna*
Eine der drei Traditionen des Buddhismus. Das Vajrayāna, manchmal auch Mantrayāna genannt, wird in Tibet, in der Mongolei und anderen Gebie-

---

ten des Fernen Ostens praktiziert. Das Vajrayāna nimmt die zentralen Themen des Mahāyāna auf: Erbarmen und Leere. Das Vajrayāna bietet eine große Vielfalt an unmittelbaren und gut ausgearbeiteten Methoden, die auf den transformatorischen Eigenschaften von Gesten (*mudrā*), Tönen (*mantra*) und Visualisierungstechniken beruhen.

## Ist das deshalb so, weil er die drei Yānas gelehrt hat?

Man unterscheidet gewöhnlich drei Wege im Buddhismus, die miteinander verbunden sind, wobei einer spontan in den anderen übergeht.

Unsere Zeit ist dadurch gekennzeichnet, daß die Menschen Opfer sehr starker Emotionen sind und darum viele Probleme haben. Kraft seines Erbarmens* und der

---

* In der deutschen Dharma-Szene hat sich der schwächliche Begriff »Mitgefühl« als Übersetzung von *karunā* (im Englischen meist mit »compassion« übersetzt) eingebürgert, weil »Mitleid« oder »Mitleiden« als zu negativ, ja geradezu pejorativ empfunden wird. Allerdings ist Karunā sehr viel mehr als ein »Gefühl«, und sie enthält eine starke Komponente des Mit-Leidens. »Leiden« im Sinne von Buddhas Vier Edlen Wahrheiten ist ja *das* Kennzeichen des Lebens im Samsāra, und Karunā ist wiederum (neben Weisheit) *das* Kennzeichen des Bodhisattva, der nicht aus dem Samsāra aussteigt, sondern im Kreislauf der Existenzen verbleibt, um *mit* allen Wesen zu *leiden*. Allerdings leidet der Bodhisattva nicht nur mit den Wesen, sondern er wirkt auch darauf hin, dieses Leiden zu beenden, die Wesen vom Leiden zu befreien. Karunā ist also nicht nur ein passives Mit-Fühlen oder Mit-Leiden, sondern auch eine auf die Befreiung vom Leiden zielende aktive Haltung. Darum scheint trotz der von manchen als störend empfundenen christlichen Assoziationen (die einen »passenden« Begriff der deutschen Sprache nicht auf ewig für die deutsche »Dharma-Sprache« unbrauchbar machen sollten) »Erbarmen« die beste deutsche Übersetzung für Karunā zu sein – vor allem, wenn man sich vergegenwärtigt, daß es vom althochdeutschen »ab-armēn« herkommt, was soviel wie »von Not (oder Leid) befreien« bedeutet. (Anm. d. Red.)

Macht seines Geistes hat der Buddha Shākyamuni eine ganze Palette von Ratschlägen gegeben, die wirklich für die unterschiedlichsten Menschen geeignet sind. Man kann also ganz objektiv sagen, daß dies schon etwas ganz Außergewöhnliches ist. Die Kraft der Motivation, das vollkommene Wissen sowie das Erbarmen dieses Buddha sind außerordentlich.

Wenn man sagt, daß andere Buddhas beispielsweise die Tantras nicht gelehrt haben, dann nicht darum, weil sie es nicht wollten, sondern einfach deshalb, weil die Āra, in der sie sich befanden, vielleicht günstiger war und in diesem Fall das Hīnayāna und das Mahāyāna ausreichten?

Ja, so ist es.

Hat sich der Buddha, nachdem er ins Nirvāna einiggegangen ist, noch einmal in einem Körper inkarniert?

Von Reinkarnation zu sprechen ist etwas, das typisch tibetisch ist, und es trifft nur auf bestimmte tibetische Lamas zu. Im Theravāda-Buddhismus zum Beispiel werden die Dinge so nicht ausgedrückt.

## DIE DREI KĀYAS

Das Prinzip der drei Kāyas stellt die Auffassung des Mahāyāna von der Natur des vollkommenen Erwachtseins oder der Buddhaschaft dar. Der Begriff *kāya* bedeutet im Sanskrit »Körper, Inkarnation oder Personifikation«.

Der *Dharmakāya* oder »Körper der Wahrheit« entspricht der transzendenten Wirklichkeit. Er ist die

Sphäre jenseits der Begrifflichkeit, die Leere, das wahre Wesen aller Erscheinungen, aus der die edlen Handlungen eines erwachten Wesens unmittelbar entspringen.

Der *Sambhogakāya* oder »Körper des Entzückens« ist die Form des erwachten Wesens, das in paradiesischen Welten weilt. Diese subtile Manifestation der erwachten Wesen kann nur von Bodhisattvas wahrgenommen werden, die die höchsten Stufen erreicht haben.

Um gewöhnliche Wesen, wie wir es sind, zur Erlösung zu führen, nehmen die Buddhas auch eine körperliche Form an, die unserer Existenzform gleicht. Das ist der »Körper der Manifestation« oder *Nirmānakāya*.

Einige sehen in diesen Lehren eine Parallele zur christlichen Trinität. Der Dharmakāya gleicht dem Vater, der Sambhogakāya dem Heiligen Geist und der Nirmānakāya dem Sohn.

Aber man kann sich zumindest die Frage stellen, ob der Buddha aus dem Dharmakāya heraus handelt?

Das ist eine Formulierung, die man benutzen kann.

Und wie praktiziert man heute?

# WIE PRAKTIZIERT MAN HEUTE?

# Der Aufbau der Praxis

Die vier Gedanken • Shine • Die drei Yānas:
Motivation und Techniken • Verpflichtungen und
der spirituelle Entwicklungsweg: Gelübde,
Samayas, Einweihungen • Leere und Erbarmen •
Tantras und Vorbereitende Übungen •
Yidam, Mandala • Der tantrische Meister •
Lange Klausuren • Geheime Praktiken

Wenn jemand sich etwas über den Buddhismus infor-
miert hat und sich davon angesprochen fühlt – was können Sie einem solchen Menschen dann als allgemeine
Herangehensweise raten, wenn derjenige ganz konkret
mit der Übung beginnen will?

Ich glaube, das beste ist, wenn ein solcher Mensch ein wenig zu meditieren beginnt. Auch die Vorstellungen von der
Vergänglichkeit der Erscheinungen, vom Leiden, von der
Leere und der Selbst-Losigkeit sollte man studieren. Man
findet diese vier Konzepte in der einen oder anderen Form
in allen buddhistischen Traditionen. Ob man will oder

nicht, im Leben werden wir zwangsläufig eines Tages mit diesen Realitäten konfrontiert. Es lohnt sich also, ein bißchen über diese Themen nachzudenken, mit dem Meditieren anzufangen und so langsam fortzuschreiten.

**Welche Art der Meditation meinen Sie?**

Alle Arten von Übungen, mit denen man den Geist beruhigen und stabilisieren kann.

**Heute lehren immer mehr tibetisch-buddhistische Lehrer im Westen. Einige legen großen Wert darauf, daß man mit dem Hīnayāna beginnt und dann zum Mahāyāna und schließlich zum Vajrayāna fortschreitet. Andere Lehrer erteilen aber ohne weiteres Lehren des Vajrayāna. Hängt das vom Schüler ab, von der Aufnahmefähigkeit des Übenden, oder handelt es sich um völlig verschiedene Auffassungen, auch wenn die Ansätze ja nicht unbedingt im Widerspruch zueinander stehen müssen?**

Das Wichtigste ist, daß man sich selbst Gedanken macht und genau anschaut, worum es geht. Tatsächlich sagen bestimmte Lehrer dieses und andere Lehrer jenes. Manche Studenten haben ein negatives Vorurteil gegenüber dem Hīnayāna; das ist ein schwerwiegender Fehler. Das Hīnayāna ist die Quelle, die Basis von allem. Es gibt aber, wie Sie schon sagten, verschiedene Ansätze, wie den des Mahāyāna, den des Vajrayāna und so weiter. Wie auch immer, der wesentliche Punkt ist derselbe: Der Übende muß selbst nachdenken. Natürlich muß der spirituelle Lehrer auf den Schüler achten, aber Verantwortlichkeit besteht trotzdem auf beiden Seiten. Im übrigen sind Meister und Schüler gar nicht so verschieden voneinander. Der Ausgangspunkt ist die Vorstellung: Ich will an mir ar-

beiten, ich will Fortschritte machen. Uns steht eine breite Skala von wirksamen Methoden zur Verfügung, die
man anwenden kann, um diesem Verlangen zu entsprechen. Jeder trifft eine Wahl, die seinen Neigungen entspricht, jeder sieht die Dinge auf seine Weise. Das ist ein
bißchen wie bei den Kindern, die mit Legosteinen spielen.
Es gibt verschiedene Möglichkeiten, die Steine aneinan-
derzufügen, und diese Möglichkeiten entsprechen der
Phantasie des einzelnen.

**Wenn vom Hīnayāna die Rede ist, vielleicht wird es dann
allzu häufig mit dem Theravāda verwechselt?**

Ja. Man sollte lieber vom Theravāda sprechen: Wenn die
Leute vom Hīnayāna sprechen, dann meinen sie in Wirklichkeit den Theravāda. Es ist also besser, letzteren Begriff
zu benutzen.

**Legt der Theravāda bereits besonderen Wert auf das Er-
barmen, das Bestreben, sich vor allem in Hinblick auf das
Wohl der anderen zu entwickeln?**

Ja, und darum stellt er auch die beste Grundlage dar. Auch
dort ist bereits vom Erbarmen die Rede, von der Befrie-
dung des Geistes und sogar von der Leere. Man hat sofort alle Methoden zur Hand, die man braucht, um anfangen zu können.

**Kann jemand, der schon etwas von den Grundgedan-
ken des Buddhismus weiß, gleich mit dem Vajrayāna beginnen?**

Sagen wir so: Die Grundlage ist sicherlich der Theravāda. Man denkt nach und sagt sich: »Ich leide sehr und
möchte mich unbedingt von diesem Leiden befreien.«

Das ist der Grundgedanke. Warum spricht man denn nun vom »Großen Fahrzeug«? Weil man weiterdenken und ein Gefühl dafür entwickeln kann, daß überall auf der Welt unzählige Lebewesen ebenfalls Probleme haben und leiden. Man umfaßt in seinen Gedanken also die Gegenwart aller Lebewesen. Und genau an diesem Punkt beginnen sich andere Methoden herauszubilden. Man muß aber verstehen, daß das Vajrayāna keine Disziplin für sich ist. Es ist im Grunde ein integraler Bestandteil des Mahāyāna.

Ich werde jetzt ein bißchen auf der technischen Seite nachhaken, weil das die Menschen aus dem Westen, die nicht immer sehr gute Grundkenntnisse haben, besonders interessiert. In manchen Schulen sagt man, das Vajrayāna sei ein Teil des Mahāyāna. In anderen, glaube ich, heißt es aber, daß es sich genaugenommen um ein eigenes Fahrzeug handelt, da es darin eine Grundlage gibt, eine Methode, einen spirituellen Entwicklungsweg und die Frucht, die daraus erwächst. Es handelt sich also um ein eigenständiges Fahrzeug, und man könnte direkt damit anfangen, ohne unbedingt die Übungen des Hīnayāna und des Mahāyāna durchlaufen zu müssen. Wie steht es konkret damit?

Das Vajrayāna ist durchaus ein vollständiges Fahrzeug, wenn es auf dem Hīnayāna und dem Mahāyāna basiert. Und es gibt eine *Conditio sine qua non*, wenn man mit dieser Praxis beginnt. Sie besteht darin, sich zu sagen: »Ich tue es zum Wohl aller fühlenden Wesen.« Das ist die Grundlage, die unerläßliche Voraussetzung, wenn man vom Vajrayāna sprechen will. Mehr noch, man muß immer das Ganze im Blick haben, das heißt die drei Teile, die man in jeder Praxis wiederfinden sollte: erstens die Einführung, die darin besteht, Zuflucht zu nehmen und Bodhichitta, den Geist des Erwachens, zu entwickeln; zweitens die Gesamtheit der Übung im engeren Sinne, die beim Vajrayāna in der Visualisierung von Gottheiten oder dem Rezitieren von Mantras bestehen kann; drittens die Widmung des Verdienstes. Will man auf der Ebene des Vajrayāna praktizieren, dann müssen diese drei Bestandteile unbedingt vorhanden sein. Im Theravāda zum Beispiel werden die Gelübde besonders betont. Im Mahāyāna legt man besonderen Wert auf die Ausweitung der eigenen Motivation, das Bodhichitta. Das Vajrayāna fügt dem einige Techniken, geschickte Mittel, hinzu.

## DER AUFBAU DER PRAXIS

Nach tibetischer Tradition läuft die spirituelle Schulung in drei Stufen ab: Hören, Nachdenken und Meditation.

Durch Hören kann man in Kontakt mit den Lehren, den Unterweisungen und den Erläuterungen kommen. Anfangs lassen wir unsere eigenen Überzeugungen beiseite, sozusagen in der Schwebe, weil sonst keine richtige Beziehung zu etwas hergestellt werden kann, das für uns ganz neu ist. In dieser ersten Phase ist es wichtig, Offenheit und Bereitschaft zu entwickeln, um durch das Zuhören eine angemessene Verbindung herstellen zu können.

Das Nachdenken soll kritisch sein; man muß untersuchen und abwägen, ob die jeweiligen Ansichten zutreffend sind. Wir müssen diese Analyse und diese Prüfung bis zu dem Punkt vorantreiben, wo uns die Beweisführung evident, richtig und gesichert erscheint.

Manche Fragen finden jedoch durch kritische Reflexion nie eine Antwort. Wir kommen zu keiner Entscheidung ohne die dritte Stufe, und das ist die Praxis der Meditation. Durch das Hören werden Dinge an uns herangetragen, die wir noch nicht kennen. Durch Zuhören wird die Unwissenheit beseitigt. Nachdenken beseitigt Zweifel. Und durch die Meditation kann man ein vollkommenes Verständnis des Wesens der Erscheinungen erlangen; das Wissen wird integriert, wird im Geist gegenwärtig.

1. Man soll, so heißt es in den Texten:
   • lauschen wie ein Hirsch, der auf das leiseste Geräusch achtet;
   • im Geist alles prüfen, als ob man ein Goldstück, das man erwerben will, untersucht;
   • meditieren wie ein Stummer, der etwas Süßes kostet;
   • üben wie ein hungriges Yak beim Weiden.
   Das Ergebnis wird dann wie ein völlig wolkenloser Himmel sein.

2. Es gibt verschiedene Arten von Meditationsübungen, durch sie kann man jeweils:
   • den Geist befrieden und sich konzentrieren (*shine*):
   • eine durchdringende Einsicht entwickeln (*lhaktong*);
   • das letztendliche Wesen der Erscheinungen und des Geistes verwirklichen (*dzogchen, mahāmudrā*)

3. Der tibetische Buddhismus benutzt ganz spezifische Mittel:

- Übungen, in denen man Gottheiten visualisiert, welche bestimmte Eigenschaften repräsentieren, etwa: Erbarmen (Chenresi); Weisheit (Mañjushrī); die Kraft, die von den Ängsten und Gefahren des Samsāra befreit (Tārā); Dharma-Schützer wie Mahākāla (Schützer in rasender Gestalt); Yidams wie Dorje Phagmo (persönliche Beschützer oder Beschützerinnen). Im Buddhismus meint der Begriff »Gottheit« die Personifikation verschiedener reiner Aspekte unserer eigenen Persönlichkeit. Diese Vorstellung ist weit entfernt von dem westlichen Begriff eines Wesens oder Geistes, das oder der Macht über die Menschen ausübt. (Siehe auch S. 186)
- Methoden der analytischen oder geführten Meditation (über das Thema des Erbarmens, der Vergänglichkeit aller Erscheinungen oder die Übung des grundlegenden Austauschs (*tonglen*), die darin besteht, alle Wohltaten den anderen darzubringen und alle Leiden der anderen auf sich zu nehmen).
- Rezitationen von Mantras (heilige Formeln, die in Sanskrit gesprochen werden. Mantras, die meistens viele Male rezitiert werden, sind eng mit einer Gottheit verbunden und vermitteln deren Wesen und Kraft).

Schließlich gibt es noch einen klar strukturierten Komplex von Übungen, die aufeinanderfolgen und den Übenden stufenweise zur vollkommenen Erfüllung führen.

Was die Praxis des Buddhismus angeht, ist es besser, das zu wählen, was einem zusagt, und das ist abhängig von der Zeit, die man aufwenden kann, und von den eigenen Strebungen. Etwas anderes ist es, wenn man in ein Kloster geht oder eine lange Klausur macht. Dann absolviert man ein sehr spezielles Programm. Und im übrigen … im Buddhismus sind die Dinge nicht so sehr in Regeln erstarrt. Es gibt eine Offenheit und Flexibilität, die es erlauben, nicht so sehr auf das Absolvieren eines Studienplans aus zu sein, sondern vielmehr auf der Grundlage der eigenen Erfahrungen Fortschritte zu machen.

Wenn die Lamas jedermann Einweihungen wie die von Chenresi, Mañjushrī, Tārā oder Mahākāla geben, erteilen sie dann wirklich eine tantrische Initiation oder handelt es sich dabei eher um eine abgeschwächte Version? Ist man nach solchen Einweihungen bereits an Verpflichtungen (*samaya*) gebunden, die strikt beachtet werden müssen? Im Tantrismus legt man ja großes Gewicht auf das Einhalten der Samayas, und oft ist die Rede davon, welchen Gefahren man sich aussetzt, wenn man die Samayas bricht. Kurz gesagt: Geben die Meister wirklich Initiationen, oder handelt es sich, verzeihen Sie den Ausdruck, um »Vajrayāna light«?

---

EINWEIHUNGEN UND SAMAYAS

Die Einweihung ist ein Ritual, das die besondere Gnade einer Gottheit überträgt und dazu ermächtigt, die entsprechende Meditation zu praktizieren. Eine Initiation ist im allgemeinen von der Verpflichtung (*samaya*) des Schülers begleitet, die entsprechende Praxis auszuüben, sie kann aber auch wie eine einfache Segnung empfangen werden.

Wenn von Einweihungen die Rede ist, kann man sie als Übertragung von Segen betrachten, aber vor allem als Autorisierung zur Übung. Alles hängt aber völlig von demjenigen ab, der sie erbittet. Wenn jemand die Initiation als tief bedeutsam empfindet, wird er sie auch auf einer tiefen Ebene empfangen. Wenn er die Zeremonie aber als ein interessantes Erlebnis ansieht, dann wird auch das Ergebnis unwesentlich sein.

Aber man kann auch so etwas wie eine Zwischenposition einnehmen. Man kann die Einweihung aus Neugier empfangen, weil man die Übung vielleicht ausführen will, ohne aber genau zu wissen, wozu man sich dabei letztendlich verpflichtet.

Wenn man immerhin die Vorstellung hat, etwas damit anfangen zu können oder zu üben, ist das schon eine sehr gute Grundlage. Es findet immer eine Übertragung von Segen statt. Man muß nicht denken, daß diejenigen, die solche Einweihungen vornehmen, das leichthin tun, daß sie also »Vajrayāna light« vermitteln, wie Sie es nennen. Nein, das auf keinen Fall, denn eine Initiation wird immer der Tradition gemäß gegeben. Es geht dabei für den Meister nicht einfach darum, mit erhobener Stimme aus einem Büchlein zu lesen. Es gibt da eine spirituelle Linie, der man sich in diesem Moment verpflichtet, eine Übertragungslinie in Hinsicht auf spezifische Instruktionen, die Ermächtigung (*lung*) und die Ebene der Initiation selbst. Man verschreibt sich also bewußt einer spirituellen Linie, und das macht man nicht mal eben nebenbei. Ein Lama, der mal schnell eine kleine Initiation gibt – so etwas sollte es normalerweise nicht geben.

Tatsächlich ist der Lama in diesem Moment auch der Vermittler zwischen dem Adepten und dem Yidam.

Ja. Aber im Vergleich zum Yidam ist der Lama wichtiger. Ohne Lama kein Yidam. Darum ist es auch so wichtig, daß wir einen qualifizierten Lama aufsuchen. (Siehe auch S. 189)

Gibt es ab dem Moment, wo man eine Initiation mit der Absicht empfängt, zu praktizieren, es zumindest zu versuchen, schon ein Samaya, das sich zwischen dem Adepten, dem Lama und der Gottheit knüpft?

Sicherlich, es gibt ein Band, das zum spirituellen Meister geknüpft wird, zu der speziellen Dharma-Praxis und zu diesem oder jenem persönlichen Beschützer, dem Yidam. Sobald die Absicht zu praktizieren besteht, kann man sagen, daß sich eine Verbindung knüpft. Ein Vertrauensverhältnis zum Lama zu haben bedeutet nicht, daß man keine Verbindung zu anderen Lamas und Yidams knüpfen darf, sofern man das nicht tut, um sich von einem anderen Yidam loszusagen. Mit anderen Worten: Eine Beziehung zu einem spirituellen Lehrer und einer sehr spezifischen Praxis herzustellen, sollte keine negative Wahl sein. Wenn man eine Praxis akzeptiert, dann aber beginnt sie zu kritisieren, dann ist das genau das, was es einem schwer macht, später Verbindungen zu anderen spirituellen Meistern oder anderen Praktiken zu knüpfen.

Ist das Band dann zerrissen?

Ja, man zerreißt das Band. Wenn man hier im Westen den Begriff Samaya benutzt, stellen sich die Leute alle möglichen Sachen vor, ein geheimes Band und so weiter. Wenn man eine Übung macht und anfangs alles gut läuft, dann ist man oft sehr begeistert und posaunt das lauthals hinaus ... Die allerkleinsten positiven Ergebnisse macht man überall publik, aber die riesigen negativen Sachen, die möchte man lieber in einem geheimen Winkel verstecken. Und genau das sollte man vermeiden. Eben das soll der Begriff »geheim« sagen: Wenn die Dinge sich gut entwickeln, behält man das für sich und praktiziert weiter. Das Adjektiv »geheim« hat in Ausdrücken wie »der geheime Weg« oder »ein geheimes Band« keinen anderen Sinn.

Wenn man sich über die Einhaltung des Samaya Gedanken macht, so auch deshalb, glaube ich, weil man sich darüber im klaren ist, daß man etwas sehr Kostbares und tief Bedeutsames erhalten hat, und alles daransetzen möchte, das nicht zu beschädigen. Ich glaube, daß sich darum viele Leute ernsthaft fragen: »Riskiere ich nicht, das Samaya zu brechen, wenn ich mich so und so verhalte?«

Wenn man in dieser Weise verantwortungsbewußt und vorsichtig ist, läuft man keine Gefahr. Wenn man die Einweihung und den Segen, den man empfangen hat, so schätzt, dann ermißt man ihren Wert, und alles ist in Ordnung.

Ich habe manchmal den Eindruck, daß Einweihungen in Mode sind. Man sieht viele Leute herumlaufen, die möglichst viele Initiationen sammeln, und schließlich haben sie nicht einmal die Zeit, die Übungen auszuführen, die damit verbunden sind. Selbst wenn man diese Initiationen als Segnungen nimmt, empfängt man dann nicht letztlich immer dasselbe? Ist es sinnvoll, im Anfangsstadium Dutzende von Einweihungen von verschiedenen Meistern zu bekommen?

Das hängt völlig von der Haltung der Person ab. Wenn sie um die Einweihung bittet, weil sie wirklich den

Wunsch hat, sie zu empfangen, ist das gut. Wenn sie mal hierhin und mal dorthin läuft und daraus eine Art spirituellen Tourismus macht, dann natürlich haben diese Dinge im Grunde kein Gewicht. Der beste Fall ist der, daß ein Übender bewußt um die Initiation bittet und bewußt die Verbindung zum Dharma knüpft. Man kann nicht wirklich eine Einweihung empfangen, bevor nicht diese Offenheit im Geist geschaffen ist. Wenn nicht, dann empfängt man die Einweihung nicht, selbst wenn man an der Zeremonie teilnimmt.

Um noch einmal auf das Konzept des Segens zu kommen, es heißt, daß er sogar erst in späteren Leben zur Reife kommen kann. Stimmt das?

Was die Einweihung und auch die Dharma-Praxis im allgemeinen angeht, so kann man bei einigen Menschen tatsächlich sogleich den Reifungsprozeß beobachten, von dem Sie sprechen. In anderen Fällen wiederum treten Ergebnisse nicht sofort zu Tage. Das ist ähnlich wie beim Anbauen von Früchten: Es muß vieles zusammenkommen – die Wärme, die Feuchtigkeit, der Mensch, der eingreift und Bedingungen schafft, welche die Frucht zur Reife bringen. Genauso kann man auch alle möglichen wirksamen Methoden benutzen. Einige wollen die Frucht pflücken, bevor sie vollkommen reif ist. Andere streuen Dünger, um das Wachstum etwas zu beschleunigen, und so weiter.

Eine Einweihung ist eine wirksame Methode, die positive Tendenzen reifen läßt, welche durch die Praktiken einer bestimmten Gottheit, an deren Kraft man durch eine Ermächtigung teilhat, repräsentiert werden.

## DIE LEERE

Dies ist einer der zentralen, aber vielleicht auch einer der am häufigsten mißverstandenen Begriffe des Buddhismus. Die Leere bedeutet Abwesenheit von jeder substantiellen Realität. Man sagt zum Beispiel von einem Traum, daß er »leer« ist, was bedeutet, daß er keine materielle Existenz hat, daß er sich nirgendwo befindet und seine eigentliche Dauer nicht real ist. Das bedeutet indessen nicht, daß man das Vorhandensein des Traumes leugnet, da er ja wirklich stattgefunden hat. Die Manifestationen besitzen also nicht die Art von Realität, die wir ihnen gewöhnlich zuschreiben. Der Buddhismus ist der Auffassung, daß die Erscheinungen keine wirkliche Existenz haben, so wie auch die Traumerscheinungen nicht. Man meint damit, daß die Phänomene keine Selbst-Natur und keine ihnen selbst innewohnende Existenz besitzen. Die Leere bezeichnet die letzte Wirklichkeit, den Dharmakāya. Dagegen zieht das Nichtwissen um die Leere des Geistes die Besessenheit durch das Ego, das Ich, nach sich.

Es gibt zwei wesentliche Aspekte, die man in allen buddhistischen Praktiken findet, und das sind die Konzepte des Erbarmens und der Leere. Für westliche Menschen, die an allem hängen, was materiell ist, ist die Leere ein Begriff, den sie zwar intellektuell verstehen können, aber es ist sehr, sehr schwer, sie zu verwirklichen und diese Verwirklichung im Alltag zu leben. Es heißt, daß Erbarmen und Leere einander nähren, und da Erbarmen etwas ist, das im Inneren sehr viel natürlicher zu reifen scheint, kann man sich dadurch der Leere nähern. Aber es gibt einen

55

Moment, wo das Erbarmen selbst sich nicht entfalten kann, wenn man nicht die Leere begreift. Was kann also ein westlicher Buddhist tun, um die Leere in seinem täglichen Leben nachzuvollziehen?

Übt ein Höchstmaß an Erbarmen und Liebe. Auch wenn diese Übung im Moment ziemlich begrenzt erscheint, so wird man doch eines Tages, wenn man damit vertraut ist und diese Eigenschaften wirklich beständig entfaltet, das entwickeln, was man unbegrenzte Liebe und unbegrenztes Erbarmen nennt. Und wahrscheinlich eröffnet sich dann die Einsicht in die Leere. Mir scheint, daß es bis jetzt im Westen einerseits Menschen gibt, die bestrebt sind, Liebe und Erbarmen zu entwickeln, und andererseits solche, die sich mit der Leere beschäftigen. Aber man muß beide Aspekte integrieren. Bis heute interessiert die Leere vor allem die Intellektuellen, sie ist im Moment eher ein Studienobjekt und spielt in der Praxis keine Rolle. Bei der Liebe und dem Erbarmen – das beinhalten schon die Begriffe – hat man dagegen keine Wahl. Hier stellt sich die Frage, was man tut – es geht um die Praxis. Es wäre aber besser, das, was man gelesen hat, und das, was man tut, möglichst in Einklang zu bringen. Die Unfähigkeit mancher Menschen, das Begreifen der Leere in die Praxis zu integrieren (ein Unvermögen, das die Einsicht immer begrenzen wird), hängt vielleicht damit zusammen, daß sie, wenn sie Liebe und Erbarmen üben, bewußt oder unbewußt den Eindruck haben, sie könnten dadurch etwas für sich selbst gewinnen. Wenn man dagegen in der Praxis die Leere verwirklicht, erwartet man nicht, irgend etwas zu bekommen, was immer es auch sei. Wenn man handelt, ohne etwas bekommen zu wollen, dann ist man schon auf dem Weg, Erbarmen und Leere als Einheit zu verwirklichen.

Manchmal hat man nichtintellektuelle, unmittelbare und blitzartige Einsichten in die Leere. Glauben Sie nicht auch, daß die Menschen bei uns hier im Westen unbewußte psychische Hemmungen haben, die bewirken, daß sie sich ein wenig vor diesem Konzept der Leere fürchten, weil es die Basis all dessen untergräbt, wozu sie seit ihrer frühen Kindheit erzogen worden sind?

Ohne Zweifel. Eben weil es so schwer ist, die Vorstellung von der Leere zuzulassen, hat der Buddha im ersten Zyklus seiner Lehren nicht davon gesprochen.

Es heißt, selbst die Arhats hätten Herzattacken erlitten, als sie den Buddha über die Leere sprechen hörten!

Ja. Das ist einer der Gründe, warum man sich sehr eng an die Lehrweise des Buddha halten sollte, in der ein gradueller Aufbau sichtbar wird, der respektiert werden sollte.

Wir sind also wieder ungefähr am Ausgangspunkt angelangt: zuerst die Vier Edlen Wahrheiten, dann Bodhichitta und schließlich die tantrischen Übungen.

So ist es … aber man muß im Auge behalten, daß all das im täglichen Leben angewendet werden muß.

---

### Sūtra und Tantra

Der Korpus der buddhistischen Lehre setzt sich aus zwei Abteilungen zusammen:
Erstens, die Sūtras, das sind Unterweisungen, die Buddha Shākyamuni direkt erteilt hat; dazu gehören der Vinaya (die moralischen Verhaltensregeln), der Abhidharma (die Philosophie) und die Sūtras im en-

---

57

geren Sinne (die Darlegungen und Debatten mit den Schülern).
Zweitens, die Tantras, was wörtlich »Kontinuität« bedeutet. Das Tantra ist ein Komplex von geschickten und schnell wirksamen Mitteln zum Erlangen der Erleuchtung, die auf verschiedene Techniken zurückgreifen. Es gibt vier Klassen von Tantras: das Tantra des Handelns, das Tantra des moralischen Verhaltens, das Yogatantra und das Unübertreffliche Yogatantra. Die Tantras gehen zurück auf den Buddha Shākyamuni, der sie in Form des Vajradhara, Samantabhadra usw. gelehrt hat.

Ich würde mit Ihnen gern noch genauer über das Tantra sprechen. Ich habe gelesen, daß mancher bedeutende Lehrer der Meinung ist, es sei vielleicht besser, das Tantra gar nicht erst zu erwähnen. Wenn man aber fühlt, daß man sich damit befassen sollte, dann kann man es doch wohl angehen?

Im allgemeinen ist das wirklich so. Es lohnt sich, über all das nachzudenken. Wenn man sich entscheidet, mit diesen Praktiken zu beginnen, dann sollte man das nur tun, wenn man weiß, daß man sie später nicht wieder abbrechen wird. Darum ist es ja so wichtig, sehr bewußt und klar zu bleiben, wenn man zu praktizieren beginnt. Wenn die Grundeinstellung am Anfang klar und bewußt ist, werden diese Qualitäten später in der Praxis Bestand haben. Mir scheint, wenn die Dinge anfangs nicht sehr klar sind, dann kann diese Verwirrung möglicherweise später die gesamte Praxis vernebeln.

Wäre es nicht ein schwerer Irrtum, sich dem Tantra nähern zu wollen, ohne zuvor die tiefe und starke Motivation des Bodhichitta entwickelt zu haben?

Ganz gewiß.

Zu welchem Zeitpunkt kann ein Übender mit der tantrischen Praxis beginnen? Entscheidet der Lama, ob der Schüler so weit ist, oder wird das von beiden entschieden?

Früher gab es hervorragende spirituelle Lehrer, Männer und Frauen, deren Rede immer sehr klar war. Heutzutage ist es schwieriger für den spirituellen Lehrer, die Initiative zu ergreifen. Man muß also selbst nachdenken, gründlich reflektieren und sich vorbereiten. Auch der Lama muß seinerseits die Situation genau abschätzen. Wenn diese Voraussetzungen gegeben sind, kann man mit der Praxis des tantrischen Buddhismus beginnen. Der Dalai Lama hat gesagt, daß es darauf ankommt, bei einem wirklich qualifizierten spirituellen Lehrer um Unterweisung zu ersuchen, und daß es besser sein könnte, zu Beginn die traditionellen Texte als geistige Autorität zu betrachten. Im übrigen deckt das Wort Tantra, wie auch Initiation oder Band des Dharma, ein weites Gebiet ab, in dem es sehr wesentliche und einige weniger wichtige Elemente gibt. Diese wesentlichen Aspekte erfordern eine Prüfung und gründliches Nachdenken. Es gibt auch Methoden, mit denen man überprüfen kann, was passiert, um herauszufinden, ob man auf dem richtigen Weg ist – zum Beispiel Erscheinungen im Traum und auch Zeichen im täglichen Leben, durch die man die Situation interpretieren kann.

## Die Vorbereitenden Übungen

Die vier Gewöhnlichen Vorbereitenden Übungen heben den Geist über das Samsāra hinaus. Es sind die Meditationen über:

1. die Kostbarkeit der menschlichen Geburt mit all ihren Freiheiten und Möglichkeiten;
2. die Vergänglichkeit aller Erscheinungen und die Unvermeidbarkeit des Todes;
3. das Gesetz des Karma, die Verkettung von Ursachen und Wirkungen;
4. das Leiden, das überall im Samsāra, dem Kreislauf der Existenzen, gegenwärtig ist.

Die vier Außergewöhnlichen Vorbereitenden Übungen umfassen die folgenden intensiven Praktiken:

1. die Zufluchtnahme und die Niederwerfungen;
2. die Reinigung (Dorje Sempa);
3. die symbolische Opferung des Universums (*mandala*);
4. die spirituelle Vereinigung mit dem Lama (*guruyoga*).

Besteht nicht eine der wesentlichen Bedingungen darin, zuerst die vier Vorbereitenden Übungen zu absolvieren? Anscheinend betrachten viele Menschen diese Übungen als etwas einengend. Sie wollen sofort an die Übungen der höchsten Stufe herankommen. Sind aber diese Grundübungen nicht eine unerläßliche Basis?

Ganz sicher. Eben darum heißen sie Vorbereitende Übungen. Im Tibetischen gibt es ein Sprichwort, das besagt, daß die Vorbereitenden Übungen, verglichen mit der

Praxis im engeren Sinne, sehr viel wichtiger sind. Offensichtlich fühlen wir uns von den Höhenflügen angezogen. Es ist wie bei Kindern, die unter einem Obstbaum stehen: Sie wollen zuerst die Frucht pflücken, die am allerhöchsten hängt, obwohl sie doch das gleiche Obst in Reichweite haben. Aber nein – man will das, was am höchsten hängt!

Je nach Schule gibt es vier oder sechs Klassen des Tantra. Die Praktiken, die heute von den spirituellen Lehrern vermittelt werden, gehören oft zu den höchsten Tantra-Stufen. Die Lamas lehren oft ziemlich schnell die Übungen der letzten Grade.

Das wäre tatsächlich früher nicht möglich gewesen. So etwas gab es bei uns nicht. In eben diesem Sinn und in diesem Kontext spricht man immer wieder davon, daß diese Einweihungen wie Segnungen erteilt werden.

Kann man das auch dadurch erklären, daß wir in einer Epoche leben, die eine Epoche des Niedergangs sein soll und wo es immer stärkerer, immer direkterer Mittel bedarf, um spirituellen Fortschritt zu erreichen? Waren also in vergangenen Zeiten sehr viel einfachere Praktiken ausreichend?

Man kann das so darstellen. Aber man muß auch bedenken, daß die Übenden früher vielleicht mehr Zeit hatten als heute und vor allem bestrebt waren, die Reinheit des Dharma zu bewahren. Im Moment haben die Menschen eher den Wunsch, die wohltuende Wirkung zu genießen, die Segnungen. Wie auch immer, auch wenn sehr machtvolle Praktiken vermittelt werden, müssen sie doch beständig geübt werden. Was heute oft passiert, ist folgendes: Man möchte von den segensreichen Wirkungen einer

Übung profitieren, und zwar möglichst schnell, mag sie aber nicht ausführen. So bringt man sich in Schwierigkeiten. Zu behaupten, man brauche kompliziertere und stärkere Praktiken, weil wir in einer Epoche der Degeneration leben, ist deshalb vielleicht nicht ganz das Wahre. Früher waren Arbeit und Kommunikation so, daß man die näheren Umstände sowie Anfang und Ende einer Arbeit kannte und wußte, wie man die Sache anpacken mußte. Heute drückt man auf einen Knopf, und die Arbeit macht sich von allein. Wer meint, daß man ohne zu üben im Bereich der Emotionen – die, wie Sie betont haben, sehr mächtig sind – zu einem Ergebnis kommt, der irrt. Aus diesem Grunde betonen die Schriften, wie wichtig es ist, eine tragfähige Grundlage zu legen, bevor man sich verpflichtet. Darum sind die Vorbereitenden Übungen von allergrößter Wichtigkeit – zuerst muß das Fundament gegossen werden. Aus den Vorbereitenden Übungen nämlich speist sich die Energie für die weitere Praxis. Sicher gibt es im Bauwesen neue Konstruktionsmethoden, aber immer muß ein Fundament gelegt werden. Das Vajrayāna zeichnet sich durch eine Vielzahl wirksamer und kraftvoller Methoden aus, aber man muß sie anzuwenden wissen. Und das hängt von einer guten Vorbereitung ab. Über spezifische oder machtvolle Methoden zu verfügen, ohne sich auf deren richtigen Gebrauch vorbereitet zu haben, führt zu nichts. Das ist so, als wolle man Häuser mit den neuesten Techniken bauen, ohne zu wissen, wo sich Türen und Fenster befinden sollen, und ohne einen allgemeinen Bauplan zu haben. So war für Milarepa die Shine-Übung die Grundlage für seine gesamte spätere Praxis. Wenn die Fundamente solide, die Vorbereitenden Übungen erst einmal fest verankert sind, dann ist alles da, was man braucht, und jedermann kann mit großen Schritten voranschreiten.

## DER YIDAM

Der Yidam ist die Schutzgottheit eines das Vajrayā-na Praktizierenden und entspricht seiner erwachten Natur. Die Praxis der Meditation über den Yidam führt den Meditierenden zur direkten Verwirklichung dieser erleuchteten Natur. (Siehe auch S. 189)

Was passiert, wenn man die Vorbereitenden Übungen beendet hat? Es heißt, daß der Lama dann die psychologische Verfassung des Übenden analysiert und ihm einen seiner vorherrschenden psychologischen Tendenz entsprechenden Yidam und eine sehr spezifische Übung zuweist, die man beide im übrigen geheim nennt. Läuft das heute auch noch so ab?

Wenn man in der Kagyüpa-Tradition die Vorbereitenden Übungen beendet hat, betrachtet man Dorje Phagmo und Vajrayoginī als besonders wesentliche Aspekte. Anschließend führt man gewöhnlich eher die Yidam-Praktiken aus. Aber, um es noch einmal zu sagen, alles hängt von den Überlegungen des Adepten ab. In Tibet zum Beispiel wählen sich die meisten Lamas Tārā als Yidam. Bei einigen spirituellen Meistern weiß man nicht, wer ihr Yidam gewesen ist, und man wird es auch nie wissen. Manchmal hört man den Lama in seiner Todesstunde ein bestimmtes Mantra rezitieren und vermutet dann, daß dieser Aspekt sein Yidam gewesen ist.

Als ich vom psychologischen Profil gesprochen habe, habe ich mich auf die Fünf Buddha-Familien bezogen. Man weiß mehr oder weniger, zu welcher Hauptfamilie man gehört. Hängt es davon ab, welche geheime Übung der Lama seinem Schüler gibt?

DIE FÜNF BUDDHA-FAMILIEN

Siehe Glossar S. 190.

Ja.

Und wie lange wird er sie dann praktizieren? Bis der Lama das Gefühl hat, daß er die Praxis gut integriert hat?

Sein Leben lang.

Eine einzige Übung?

Man kann eine einzige Übung oder mehrere gleichzeitig machen.

Wenn der Lama diese Übung vermittelt, spricht er vom Eintritt ins Mandala. Kann ein relativ gewöhnlicher Übender, der nicht die lange Klausur gemacht hat, diese Art von Einweihung von seinem Lama bekommen, nachdem er die Vorbereitenden Übungen absolviert hat?

Ja, ohne Frage. Bei der Kālachakra-Einweihung, die der Dalai Lama in der Schweiz gegeben hat, wurde der Saal in verschiedene Bereiche unterteilt, je nach der Zugehörigkeit zu dieser oder jener Buddha-Familie ... Ich habe gehört, daß der Bereich, in dem sich die Europäer sammelten, der der Lotos-Familie war!

Wenn man die Yidams visualisiert, seien sie nun milde oder rasende, und wenn man sich selbst als eine Gottheit visualisiert, worin besteht dann genau die Wirkung auf Geist und Körper des Übenden?

64

Die Yidam-Übung führt zur Verwirklichung von etwas, das man folgendermaßen nennt:

- Erscheinung/Leere;
- Klarheit/Leere;
- Begreifen/Leere.

Das ist eine Übung, die man die Übung der Reinheit nennen könnte: Unser Geist, der zur Zeit unrein ist, manifestiert sich als reine Wesenheit. Das gleiche gilt für die Form: Unser physischer Körper nimmt die sublime Form der Gottheit an. Der Yidam wird in diesem Augenblick als Beispiel, als Stütze verwendet.

Kalu Rinpoche erklärt, daß man zuerst den Yidam visualisiert. Er sagt, er sei das Band zur Gottheit. Dann visualisiert man, daß alle Gottheiten im Yidam aufgehen, und erst dann handelt es sich um den wahren Yidam. Was ist das Wesen dieses wahren Yidam? Handelt es sich wirklich um eine autonome Wesenheit, oder ist er ein Symbol für den reinen Aspekt unseres Geistes?

Im Grunde muß man dahin gelangen, die Unteilbarkeit der beiden Aspekte zu sehen. Zu Beginn stellt man sich den Yidam als eine äußere Realität vor. Aber wenn man in seinen Übungen fortschreitet, wird man eines Tages das begreifen, was die Unteilbarkeit des äußeren Aspektes – das Band – und des wahren Yidam – die wahre Natur unseres Geistes – genannt wird.

Ich habe schon viele Diskussionen zu dieser Frage gelesen und gehört. Ist der Yidam ein Wesen, das einmal Erleuchtung erlangt hat und uns nun in unserer Praxis beisteht? Oder handelt es sich um ein Prinzip wie Chenresi, der das Erbarmen, oder wie Mañjushrī, der die Weisheit repräsentiert? Es scheint nicht möglich zu sein, eine definitive Antwort auf diese Frage zu erhalten – aber vielleicht gibt es ja auch gar keine Antwort?

Generell sind Aspekte wie Chenresi, Mañjushrī und Tārā Wesen, die real existiert haben. Man spricht von den Bodhisattvas Mañjushrī und Tārā, und wenn man praktiziert, geschieht das in Übereinstimmung mit dieser Wirklichkeit. Andererseits handelt es sich dabei einfach um ein Symbol – ein Symbol, bei dem man sicher sein kann, daß es für etwas Erlebtes steht, wie alle Symbole. Der vierarmige und der tausendarmige Chenresi sind Symbole, aber Chenresi bezieht sich auch auf die gelebte Wirklichkeit einer ganz spezifischen Person und gleichzeitig von uns allen. Die Yidams sind also Personen, die einst gelebt haben und mit der Zeit zu mythischen Figuren geworden sind.

Mit einem Wort, es ist eine doppelte Wirklichkeit.

Ja.

Man geht vom Erleben aus und landet beim Symbol?

Zu jedem Yidam gibt es klare und eindeutige Erklärungen. Kann man, wenn das so ist, also von Symbolen sprechen? – Ja und nein. Es geht immer um eine ganz fundamentale, existentielle Wirklichkeit, die sich manifestiert.

Ja, denn wenn man sagt, Chenresi symbolisiere das Erbarmen, so hat es das Erbarmen doch schon vor dem menschlichen Wesen gegeben, das zum Yidam Chenresi geworden ist?

Man würde von Chenresi nicht sagen, daß er das Symbol des Erbarmens ist, sondern daß er die Form ist, die unmittelbar aus dem Erbarmen hervorgegangen ist. Die vollständige Formulierung wäre: »Chenresi, die aus dem Erbarmen unmittelbar hervorgegangene Form, die alles nur erdenkliche Erbarmen aller Zeiten repräsentiert.«

Er ist also wie ein Vektor, wie ein Bindestrich zwischen dem Erbarmen und den Wesen, die es zu entwickeln versuchen, aber es ist nicht das Erbarmen an sich?

Ja, wenn man so will. Das gleiche gilt für die Weisheit: Die spontan entstandene Form, die sich als Mañjushrī manifestiert, illustriert die Quintessenz aller Weisheit.

Ist es nicht beim Üben wesentlich, sich immer dessen bewußt zu sein, daß der Yidam leer ist?

Wenn man dazu fähig ist, ist das tatsächlich besser. Erscheinung/Leere bedeutet, daß wir den Yidam wie einen Regenbogen ansehen oder wie die Spiegelung des Mondes im Wasser. Es ist das gleiche bei Klang/Leere und Begreifen/Leere. Sich bei den Übungen (auf diesen drei Ebenen) die Leere zu vergegenwärtigen, das ist die beste Garantie für die Reinheit der Betrachtungsweise.

Die Formensprache der Yidams – das Aussehen der Person, ihr Gewand, ihr Schmuck und so weiter – ist zumeist indoeuropäisch. Nehmen wir einmal an, der Buddhismus fände in Afrika große Verbreitung. Kann man sich vorstellen, daß der Yidam dann ein eher afrikanisches Aussehen annehmen würde?

Ja, das würde passieren. Es genügt übrigens schon, die Darstellungen in China zu betrachten, wo man Figuren mit Schnurrbärten und langen Gewändern im chinesischen Stil sieht. Das gleiche gilt für die dickbäuchigen Figuren, die für die Chinesen Wohlstand und Glück repräsentieren. In

Thailand, China und Japan, überall sind die Darstellungen des Buddha immer von Zeit und Ort beeinflußt.

Entsprechend kann man sich vorstellen, daß die Art und Weise, den Dharma zu lehren und zu praktizieren, sich in unseren Breiten vielleicht anpassen wird. Solche Anpassungen können manchmal ziemlich radikal sein.

Das ist bereits früher geschehen, es geschieht heute, und es wird immer geschehen. Diese Vielfalt ist eine Tatsache. Aber die Vision des Buddha, die Praxis im eigentlichen Sinn, wird sich nie ändern. Es wäre im übrigen nicht gut, sich zu viele Gedanken darüber zu machen.

Wird sich diese Evolution natürlich vollziehen?

Ja, das ist eine Transformation, die sich Schritt für Schritt vollzieht.

---

### DER SPIRITUELLE MEISTER (LAMA, GURU)

Er oder sie sollte das, was er oder sie vermittelt, in eigener Person rein und vollständig praktizieren; er oder sie sollte echten Altruismus beweisen und in einer ununterbrochenen religiösen Überlieferungslinie stehen.

Er sollte nicht durch Gedanken an seinen Ruf, an Macht und Geld motiviert sein, vielmehr durch den Wunsch, allen Wesen zu helfen, so gut es nur geht. Der geistige Führer ist derjenige, mit dessen Hilfe wir vermeiden können, in die Irre zu gehen. Seine Funktion besteht darin, uns einen Spiegel vorzuhalten. Er hilft uns, das Wesen unseres eigenen Geistes zu verwirklichen.

---

Sobald man mit der tantrischen Praxis begonnen hat, so heißt es, ist der Lama nicht mehr der spirituelle Freund, sondern wird zu dem, was man den Vajra-Meister nennt. Sollte die Verbindung eines westlichen Buddhisten, der Familie, eine Arbeit und so weiter hat, zu seinem Lama von diesem Zeitpunkt an regelmäßiger, enger und intensiver werden?

Wenn man mit den tantrischen und geheimen Praktiken beginnt, geschieht das tatsächlich. Ein westlicher Mensch kann dabei durchaus seine Lebensführung beibehalten. Es bedeutet nicht, daß der Übende und der Lama (der Dorje Lopön) dauernd zusammen sein müßten, da sich alles in erster Linie auf der geistigen Ebene abspielt. Es ist im wesentlichen eine Frage des tiefen Vertrauens und des Wissens um die Bedeutung dessen, was geschieht. Ein tibetisches Sprichwort sagt, daß der Lama ein bißchen dem Feuer gleicht, von dem man Abstand halten muß. Wenn man in das Feuer geht oder zu nahe herankommt, verbrennt man sich. Der Lama ist ja auch ein Mensch, und es ist schwer, einen Lama ohne Fehler zu finden. Es ist auch nicht immer leicht, die Qualitäten des anderen zu sehen. Und da die Menschen meistens die Neigung haben, eher die Fehler als die guten Seiten zu sehen, könnte ein dauerndes Zusammensein mit dem Lama Probleme bereiten. So muß man auch das Bild vom Lama und dem Feuer verstehen: Man muß nicht unbedingt immer zusammen sein; es ist besser, ein wenig Abstand zu halten.

Ich glaube allerdings, daß es hier im Westen viele Anhänger des Buddhismus gibt, die tiefen Respekt haben und in erster Linie die Qualitäten ihres Lama sehen. Es heißt, daß man beim Praktizieren des Tantra manchmal in Panik gerät und sich dauernd fühlt wie auf Messers Schneide. Es ist also nötig, sich in regelmäßigen Abstän-

69

den Rat beim Lama holen zu können. Das habe ich mit einer größeren Nähe zum Lama gemeint. Es geht ja nicht darum, mit ihm zu leben, sondern um die Möglichkeit, ihn regelmäßig zu treffen, damit man weiß, wo man steht.

Wenn ein Gefühl der Panik aufkommt, dann geschieht das, weil das Fundament nicht sehr stabil ist. Wenn man die Stufe der tantrischen Übungen erreicht hat, geschieht alles, was man tut, bewußt und mit Freude. Es sollte also kein Gefühl der Panik auftreten. Im Laufe der Zeit tauchen beim Übenden gewisse Zeichen auf. Es manifestiert sich etwas: In diesem Moment ist es tatsächlich ratsam, sofort den Lama aufzusuchen, um Erläuterungen zu bekommen – so, wie es früher Marpa, Milarepa und Gampopa getan haben, die sofort ihren spirituellen Meister aufgesucht haben.

Über die großen Yogis gibt es eine Menge gleichnishafter Geschichten, die davon berichten, wie der spirituelle Meister seinen Schüler absichtlich in Panik versetzt und manchmal in groteske und extreme Situationen gebracht hat. Ich will damit sagen, daß Panik nicht unbedingt etwas Negatives sein muß. Aber es gibt eine Unsicherheit, weil man es mit extrem wirkungsvollen Praktiken zu tun hat.

Ja. In diesem Kontext und in diesem Sinne, ja. Wenn der Meister den Schüler ein bißchen unter Druck setzt, dann tut er das, weil er ihn aus dieser Unsicherheit und Panik herausführen will. Aber diese Geschichten stammen aus Zeiten, in denen die Umstände sehr viel glücklicher waren. Man begegnet heute nicht mehr Lamas wie Marpa. Ebenso sind Schüler wie Milarepa heutzutage eher selten. Wenn jemand behauptet, er sei ein Meister wie Marpa, lügt er. Und wenn sich jemand vorstellt, er gleiche als Schüler Milarepa, dann irrt er sich.

Was den Vajra-Meister oder den Vajra-Guru angeht, so sagt man, daß es wirklich nur wenige davon gibt und man lange suchen muß, um einen zu finden. Er ist also wahrlich etwas sehr Seltenes und Kostbares. Heißt das, daß die meisten Lamas, die sich heute im Westen finden, von ihren Schülern zu einem gewissen Zeitpunkt nicht als ihre Vajra-Meister betrachtet werden können?

Es reicht, wenn man seinen gesunden Menschenverstand walten läßt. Man stellt sich immer vor, daß alles Gute von weither kommen muß. Aus eben diesem Grunde wird man niemals etwas erreichen. Wenn man also, erstens, eine Beziehung zu einem Meister geknüpft hat, der bestimmte Qualitäten hat, wenn man, zweitens, auf der Grundlage dieser Beziehung Einweihungen und Unterweisungen erhält, und man sich, drittens, ans Üben hält, dann ist alles in Ordnung. Wenn man sich diesen ganzen Trubel ansieht, das Kommen und Gehen, das Hin und Her der Leute, dann ist klar, daß sie sich vom Ziel entfernen. Umso mehr, als man sich in einem solchen Fall schon darauf gefaßt machen kann, daß man sehr enttäuscht sein wird, wenn man sich eines Tages darüber klar wird, was man alles getan hat und wie wenig dabei herausgekommen ist. Ich glaube, es gibt im Westen nicht wenige gute Lehrer. Ich sage nicht, daß sie alle vollkommen sind, aber trotzdem werden viele Möglichkeiten geboten.

Die Beziehung zwischen Meister und Schüler ist eine Zweierbeziehung, und es heißt, daß sie auch für den Lama gefährlich werden kann. Und daß man sich nicht leichtfertig darauf einlassen soll, weil man nicht nur sich selbst, sondern auch den Meister damit in Gefahr bringen kann.

Aus diesem Grunde muß man sich gut vorbereiten, nachdenken und sehr kritisch bleiben. Und der Lama muß das auch tun. Das soll nicht heißen, daß dann, wenn man eine Bindung eingegangen ist, sofort Gefahren auftreten und man anschließend unbedingt Probleme bekommt. Allerdings ist es besser, nicht allzuviele Versprechungen zu machen, solange die Situation noch nicht richtig stabil ist.

Chögyam Trungpa hat gesagt, daß man mit dem Tantra sehr vorsichtig sein müsse, denn man könne daraus hervorgehen wie ein verkohltes Stück Holz. Stimmt das wirklich in dieser Form?

Ja.

Heißt das, daß man Rudra werden kann, zum Beispiel ein übermäßig aufgeblasenes Ego entwickelt, wenn die Grundmotivation nicht stimmt oder nicht aufrichtig ist?

Darum hat es keinen Sinn, wenn jemand den Weg des Tantra beschreitet, der nicht zuvor die edle Haltung des Bodhichitta entwickelt hat.

Aber die Gefahren sind real und nicht von der Hand zu weisen?

Ja.

Psychische Gefahren und selbst körperliche?

Beides.

Es gibt noch eine Kleinigkeit, die ich gern erläutert und bestätigt hätte. Sie haben, wenn ich das recht verstanden habe, gesagt, daß es, wenn man gut von einer Praxis spricht und später dann aus irgendeinem Grunde anfängt, sie zu kritisieren und schlecht zu machen, nicht möglich ist, wieder eine Bindung zu einem spirituellen Lehrer oder einer bestimmten Praxis einzugehen. Muß man das wirklich so verstehen?

Genau. Was die Praxis angeht, so ist es wichtig, gründlich nachzudenken und abzuwägen, den spirituellen Lehrer selbst kritisch einzuschätzen und sich nicht zu schnell zu entscheiden – und schon gar nicht aufgrund irgendeiner Gefühlsregung. Also zum Beispiel nicht, weil man meint: »Der und der ist berühmt« oder »Ich mag ihn«. Wenn man seine Entscheidung auf diese Weise trifft, läuft man Gefahr, daß später Probleme auftauchen. Das gleiche gilt für den Dharma. Wenn man sich nach einem genügend langen Zeitraum entschlossen hat, dann kann man dem spirituellen Meister die Frage stellen: »Wollen Sie mein Lama werden?« So wie man sich selbst seinen spirituellen Lehrer aussucht, kann auch der seine Schüler aussuchen, das ist klar. Dann, auf der Basis dieser Beziehung, kann man sein Handeln und eine Praxis des Dharma entwickeln. Im übrigen, und das gilt allgemein für alle Wesen, gibt es niemanden, der keine Fehler hätte. In jedem Fall ist es besser, eine Einstellung zu entwickeln, die darin besteht, nach guten Eigenschaften zu suchen, die guten Seiten zu sehen. In diesem Sinn kann man, wo auch immer, stets etwas Positives bei allen Menschen entdecken. Mit dieser Sichtweise wird man, wenn man eine Verbindung zu einem spirituellen Lehrer geknüpft hat und eine Praxis uns dann später nicht mehr entspricht, nicht das Bedürfnis haben, sie zu kritisieren.

Heute haben sich die Dinge allerdings geändert. Früher hörte man, wie die Meister und diejenigen, die um Unterweisungen ersucht wurden, sich entschuldigten: »Ich habe wirklich keine guten Eigenschaften; kommen Sie besser nicht zu mir, ich bin wirklich kein guter Lehrer« – und so weiter. Es waren die Schüler, die den Meister wirklich drängen mußten. Das ist heute überhaupt nicht mehr so. Man hört überall: »Wissen Sie, ich wohne da und da. Wenn Sie meine Adresse in Frankreich wollen, hier ist meine Visitenkarte. Wenn ich in Indien bin, findet man mich meist an dem und dem Ort, und wenn ich mich in China aufhalte, hier ist meine E-Mail-Adresse!«

Sind Praktiken wie die Sechs Yogas des Naropa auch im täglichen Leben für jemanden zu bewältigen, der eine starke Motivation hat und seine Übungen gewissenhaft durchführen möchte? Kann man damit beginnen, ohne sich in die Dreijahresklausur begeben zu haben?

Ja, wenn man dank der Vorbereitenden Übungen ein stabiles Fundament gelegt hat, wenn die Motivation stark ist und unter der Voraussetzung, daß man in der Praxis Kontinuität wahrt, ist es nicht notwendig und unerläßlich, die Dreijahresklausur zu absolvieren. Wenn man aber die Klausur machen kann, ist das etwas Außerordentliches, weil man die ganze Zeit praktiziert und die besonderen Wirkungen einer solchen Praxis fühlbar werden.

Tritt dieser Fall tatsächlich nicht immer häufiger auf? Es gibt doch immer mehr Buddhisten, die eine gute Entwicklung machen und die sich sehr bemühen, voranzukommen, die aber nicht die Zeit haben, sich einer Dreijahresklausur zu widmen.

Sicher.

Ist es im übrigen nicht eher ein Vorteil, Tantra ins tägliche Leben integrieren zu können, ohne sich zum Beispiel von seiner Arbeit, seinem Lebenspartner und seinen Kindern zu trennen?

Gewiß. Das ist eine Perspektive. Umso mehr, als man sich, um zu praktizieren, nicht von der Welt und dem Leben, das man führt, isoliert und abtrennt. Man muß die Praxis im Leben selbst anwenden. Man praktiziert, um die Probleme im täglichen Leben lösen zu können.

Kommen wir auf die Klausur zurück. Wenn die Lamas einen westlichen Schüler, auch einen sehr überzeugten, vor sich haben und der seinen Willen bekundet, die Dreijahresklausur zu absolvieren, sind die Lamas zunächst äußerst zurückhaltend. Gibt es dafür einen besonderen Grund, oder geht es darum, die Überzeugung und den Willen des Schülers zu prüfen?

Da muß man viele Dinge in Betracht ziehen. Eine Klausur zu machen, das ist keine leichte Sache. Es ist nicht einfach so, als wohnte man drei Jahre irgendwo in einem Häuschen. So eine Klausur wirft besondere Probleme auf und ist nicht einfach. Dann muß man sehen, ob die Person wirklich den Wunsch hat, die Klausur zu machen: Die Beweggründe können sich von einem Tag auf den anderen ändern. Man muß also abschätzen, ob diese Person die Klausur durchhalten kann.

Wenn man aber wirklich zutiefst den Wunsch verspürt, die Dreijahresklausur zu machen, dann gibt es keine grundsätzlichen Hindernisse?

Wenn man diese Notwendigkeit sehr tief empfindet, gibt es keine Probleme, die Klausur anzutreten. Wenn man dann später auf Schwierigkeiten stößt, wird man bereit und fähig sein, sie zu überwinden.

75

Es sieht so aus, als sei das Programm der Klausuren im Westen leichter als bei den traditionellen Klausuren, die in Tibet und Indien stattgefunden haben. Kann man daraus allgemeine Schlüsse ziehen? Will man auf diese Weise vielleicht den Übenden auf seinem Weg nicht zu sehr entmutigen? Es gibt jetzt sogar Klausuren, die man als Paar absolvieren kann.

Man kann es heute tatsächlich nicht mehr so machen wie früher, aus dem einfachen Grunde, daß sehr viel studiert werden muß und das Programm wirklich sehr vollgepackt ist. Der Dharma paßt sich den Menschen und der Zeit an. Selbst damals in Tibet gab es, den jeweiligen Klöstern entsprechend, verschiedene Programme. Diese Anpassung stellt nicht unbedingt eine negative Entwicklung dar.

Gibt es nicht trotzdem Anforderungen, hinsichtlich des Alters beispielsweise, die man berücksichtigen muß? Ich habe gehört, daß man die Klausur besser nicht machen sollte, wenn man die Fünfzig überschritten hat, weil das Programm körperlich sehr anstrengende Yoga-Übungen umfaßt. Muß man nicht vor bestimmten Dingen warnen, selbst dann, wenn jemand sehr stark motiviert ist?

Wenn man die Klausur in jungen Jahren machen kann, ist das wegen der Yoga-Übungen natürlich besser. Aber das wichtigste sind die Meditationsübungen. Genaugenommen macht man die Yoga-Übungen, um in der Meditationspraxis besser voranzukommen. Und in dieser Hinsicht kann man sagen, daß das Alter keine allzugroße Rolle spielt.

Empfängt man bei den Klausuren, die für westliche Buddhisten zugänglich sind, die Unterweisungen in nur einer religiösen Tradition oder in mehreren, wie in der Rime-Bewegung?

Das kommt darauf an. Als ich zum Beispiel meine Klausur gemacht habe, erhielt ich Unterweisungen für die
Übungen des Naropa und die von Niguma. Bei einigen
Klausuren praktiziert man entweder die einen oder die anderen; das ist verschieden.

Man spricht davon, daß es gefährlich sei, eine Klausur
frühzeitig zu verlassen. Es scheint sehr schlimme Fälle gegeben zu haben. Sind das Gerüchte, oder hat sich das
wirklich zugetragen?

Es ist wahr. Man muß wissen, daß bei einer Klausur zehn
bis fünfzehn Menschen zusammen sind; man ißt gemein-
sam und so weiter. Eine solche Nähe kann zu gewissen
Schwierigkeiten führen. Außerdem ist es eine lange Zeit,
die man im Klausurzentrum verbringt. Für uns vergeht
ein Jahr schnell, aber für jemanden in der Klausur ist das
ein sehr langer Zeitraum. Hinzu kommt, daß man studiert, und auch das kann zu Schwierigkeiten aller Art
führen. Man kann verschiedene Krankheiten bekommen.
Es kann also tatsächlich einiges passieren. Wie überall,
wo Menschen zusammenlebten ...

**Was passiert, wenn die Klausur beendet ist? Steht es im Belieben des einzelnen, ob er ins Alltagsleben zurückkehrt, eine weitere Klausur macht oder ob er Lama wird?**

Man kann in der Tat wählen. Man kann die Funktion eines Lama übernehmen oder anderswo hingehen und etwas anderes machen – wie man will.

**Warum werden bestimmte Übungen als geheim eingestuft?**

Man kann allgemein beobachten, daß die Leute viel darüber sprechen, wenn sie etwas Gutes getan haben, und diese Gewohnheit ist tief verwurzelt. Wenn wir unsere Sache gut gemacht haben, dann möchten wir das die Welt gern wissen lassen. Auch wenn es sich um Kleinigkeiten von fast nebensächlichem Charakter handelt, werden wir eine positive Handlung groß herausstellen. Im Gegensatz dazu reden wir unsere Fehler gern herunter. Wenn etwas ein grober Fehler war, stellen wir das als kleinen Ausrutscher dar, wirklich eine kleine Panne, eine Winzigkeit, und wir neigen eher dazu, unsere Handlung zu kaschieren. In diesem Sinn benutzen wir das Adjektiv »geheim« nicht. Mit »geheim« ist gemeint: Wenn es um tugendhaftes Handeln geht, sollte man sich dessen nicht rühmen und nicht der ganzen Welt mitteilen, was geschehen ist. Wenn es um tugendhafte Handlungen geht, muß man sie für sich behalten. Das ist kein Thema, über das man sich verbreiten sollte, um nicht dieser Neigung zu erliegen, alles aufzubauschen.

Im Gegensatz dazu muß man Fehler, Mängel, schlechte Angewohnheiten und so weiter aufdecken und mit anderen darüber sprechen. Einige Menschen haben nicht nur schlechte Angewohnheiten, sie können sogar aus einer Art Stolz heraus noch locker darüber reden. So sollte man jedoch nicht damit umgehen, sondern sie wirklich als falsch empfinden und sich bemühen, sich diese Schwächen einzugestehen.

In der buddhistischen Praxis gibt es keinen Grund, Dinge geheimzuhalten, um sie zu verbergen. Wenn wir nicht ganz freizügig sind, könnten manche Menschen annehmen, daß wir bestimmte Dinge absichtlich vor Ihnen verborgen halten. Das ist jedoch nicht der Fall. Wir sind selbständige Individuen und übernehmen die Verantwortung für alles, was geschieht. In der buddhistischen Denkweise gibt es keinen Grund anzunehmen, daß wir irgend etwas, was auch immer es sei, auf diese Weise verstecken müßten.

Vom »geheimen« Weg spricht man nur deshalb, weil es dabei um bestimmte, sehr spezifische Praktiken geht – Praktiken zum Beispiel, die auf der Erscheinung von Gottheiten basieren, oder andere Praktiken, die nicht unbedingt zum Thema von Tischgesprächen werden sollten. Wie wir hier sagen, gehört das zur Privatsphäre. Und es gibt noch andere Gründe dafür: Wenn man diese Praktiken nicht geheimhält, verringert sich ihre Kraft. Doch wenn sie privat sind, kann man doch mit seinem spirituellen Lehrer darüber sprechen, um herauszufinden, wie man sich verhalten und welche Richtung man einschlagen soll. Hält man die Übungen in diesem Geiste geheim, dann behalten sie ihre Kraft, und man macht sehr viel schneller Fortschritte.

Es sei denn, die Frauen stellten sich, da der Lama oder spirituelle Lehrer ein Mann ist, darunter vor: »Mein Lama spart ein Geheimnis für mich auf«, dann werden sie lange warten, denn so kann man nicht vorgehen. Wenn der spirituelle Lehrer eine Frau ist und die Männer sich vorstellen, sie könnten ein Geheimnis mit ihr teilen, können sie ebenfalls lange warten. Ach, die Geschichten zwischen Männern und Frauen … dabei gibt es kein Geheimnis! Jeder weiß, wie es geht, überall in der Welt. In der Tierwelt weiß man es auch, selbst das kleinste Insekt, das überhaupt nichts weiß! Auf dieser Ebene gibt es kein Geheimnis, alles passiert, ohne daß man in diesem Bereich etwas geheimhalten müßte.

# Hindernisse bei der Praxis

Wie man Hindernisse angeht •
Beschützer des Dharma •
Die Relativität von Hindernissen

Ich würde mit Ihnen jetzt gern über Hindernisse bei der Praxis sprechen. Das ist ein Thema, das bei den Übenden hier im Westen oft diskutiert wird. Es ist zudem ein Thema, das viele Phantasien und Ideen auf den Plan ruft, oft genug irrige. Ich möchte Sie zuerst fragen, ob diese Vorstellung typisch für den Westen ist?

Zunächst einmal muß man anerkennen, daß es Hindernisse gibt. Das steht außer Frage. Das ist schon deshalb so, weil man immer auf Widerstand stößt, wenn man eine ganz und gar positive Handlung in Angriff nimmt. Es ist sehr viel schwieriger, sich für das Gute einzusetzen, als schlecht zu handeln.

Man hört alle möglichen Geschichten. Zum Beispiel hat mir jemand, der gerade die Gelübde abgelegt hatte, erzählt, er sei unmittelbar danach in große Schwierigkeiten gekommen. Ist das ein Hirngespinst, oder liegt darin eine gewisse Wahrheit?

Dies oder das passiert nicht, weil man dies oder jenes getan hat, zum Beispiel die Gelübde abgelegt hat. Nicht, weil ich das Gelübde abgelegt habe, habe ich einen Autounfall oder stirbt meine Mutter kurz darauf. Die Dinge tauchen in dieser Reihenfolge auf, aber es ist nicht richtig, von einer kausalen Verbindung zu sprechen.

Trotzdem heißt es in manchen Texten, daß negative Anlagen stärker hervortreten können, sobald man sich auf etwas Gutes und Konkretes eingelassen hat – wenn man zum Beispiel die Gelübde abgelegt hat oder eine bestimmte Tugend übt.

So etwas geschieht doch nicht wegen der Übungen. Was passieren kann, ist zum Beispiel, daß man plötzlich anfängt zu zweifeln. Man sagt sich: »Ich hätte das nicht tun sollen« oder » Ist es wirklich das, was ich will?« oder auch »Vielleicht treten Gefahren, Unglücksfälle und Probleme auf«. All diese Dinge können auftreten, aber das passiert auch im täglichen Leben. Wenn man etwas Wichtiges vorhat, gibt es auch da eine Phase, wo diese Art von Erwägungen und alle möglichen Zweifel auftauchen. In der Praxis nachlassen oder keine Lust haben, zu üben – das ist es, was man Hindernisse nennt.

Hat das Ego, mit dem man fertig werden will, wenn ich so sagen darf, nicht die Neigung, zu rebellieren und zu versuchen, die guten Neigungen zunichte zu machen? Und macht es das nicht, indem es die negativsten Seiten hervortreten läßt?

Man kann die Situation in diese Begriffe übersetzen.

Handelt es sich nicht um eine Form des Schutzes für das Ego, einen psychophysiologischen Schutz für unsere Gewohnheitsmuster? Sagt sich das Ego nicht: »Ich will das nicht, also werde ich lieber ein wenig in den gewohnten schlechten Angewohnheiten schwelgen?«

Aus diesem Grunde heißt es, daß man den Hindernissen genau in diesem Moment nicht zum Opfer fallen darf, nämlich dann, wenn Gegenwind aufkommt. In dem Moment, wo der Zweifel auftaucht, muß man vorwärts gehen, seine Übungen noch verstärken, um daraus als Sieger hervorzugehen.

Aber der Mensch kann sehr ambivalent sein. Er kann stark motiviert sein, auf etwas Gutes hinzusteuern, und dabei Negatives aus der Vergangenheit mitschleppen, Dinge, von denen er auch körperlich abhängig ist, Drogen zum Beispiel. Und er sitzt dann »zwischen zwei Stühlen«, wie man sagt, mit einer sehr starken Motivation einerseits, aber auch mit Handicaps behaftet, die ihn daran hindern voranzukommen. Und offenbar kann das manchmal sehr hart sein.

Allerdings. Alles ist möglich, aber man kann sich schließlich auch vorbereiten. Sich auf die Praxis des Dharma einzulassen, das ist ein bißchen so, als stiege man in ein Flugzeug. Man muß sich aufrecht hinsetzen, sich anschnallen und so weiter. Man muß zu Beginn gute Eigenschaften entwickeln. Eigenschaften wie Aufmerksamkeit, Geduld, Sorgfalt und Beharrlichkeit. Und wenn man dann erst einmal in der Luft ist, fühlt man sich sehr viel wohler. Außerdem hängt es auch von den Personen ab. Wenn man sich anschnallt, dann nicht, weil auf jeden Fall Hindernisse auftreten werden, sondern einfach, weil das geschehen *kann*. Manche Flugzeuge geraten in Luftlöcher, andere nicht.

Nehmen wir zum Beispiel jemanden, der eine Religion wie den Buddhismus kennenlernt, der wirklich gute Unterweisungen erhält und entschlossen ist, seinem Leben eine Wendung von hundertachtzig Grad zu geben, der sich dann jedoch Widerständen innerer Art gegenübersieht. Er ist also im ständigen Widerspruch zu den Lehren, an die er glaubt und denen er sich verbunden fühlt. Das kann eine Menge zusätzlicher Leiden bringen. Das kann so weit gehen, daß er manchmal nicht mehr ein noch aus weiß. Was kann er dann tun? Die negativen Gewohnheiten können manchmal so stark sein, daß wir einfach nicht imstande sind, sie zu überwinden, trotz Übungen, Lama und so weiter.

Wenn die Kraft des Wunsches, da herauszukommen, so groß ist, kann sich der Einfluß der Widerstände, davon bin ich überzeugt, auf die Dauer nur verringern.

Im Abhidharma spricht man vom Ālaya. Es heißt, daß es positive und negative Anlagen umfaßt, die irgendwann heranreifen. Kann es sein, daß die negativen Anlagen schneller heranreifen, weil man zu praktizieren begonnen hat? Könnte das eine Erklärung für die berühmten Widerstände sein?

Ja, aber auch das, was ungeheuer groß ist, kann immer weniger beeindruckend werden und auf die Dauer ganz verschwinden.

Können Reinigungspraktiken wie die des Dorje Sempa die karmischen Potentiale auslöschen, die im Ālaya, dieser fundamentalen Bewußtseinsschicht, ruhen?

## ĀLAYA

Dieses »Speicherbewußtsein« oder Grundlagenbewußtsein alles Existierenden hat die Funktion eines Sammelbeckens von karmischen Prägungen, die auftauchen können, sobald Umstände eintreten, die sie aktivieren.

Alle Fehler, die wir haben, befinden sich auf der Ebene des Geistes. Aus diesem Grunde müssen auch die Praktiken, die wir anwenden, auf der Ebene des Geistes angesiedelt sein, auch die Reinigung. Das Ergebnis besteht darin, daß das, was groß war, kleiner wird, und das, was klein war, schließlich verschwindet. Und nicht nur auf dem Weg über die Übung von Dorje Sempa. Wenn man etwas mit einer grundsätzlich positiven Haltung macht, hat das immer vielfältige Wirkungen.

**Was genau sind die Schützer? Sind das Wesen, die real existiert haben? Sind das zugleich innere Kräfte, die uns vor Hindernissen bei der Praxis schützen?**

Wenn man wörtlich übersetzt, ist der genaue Begriff: Beschützer des Dharma. Einige von ihnen haben zur Zeit des Buddha gelebt und sind die Verpflichtung eingegangen, die Unterweisungen und die Lehren des Buddha zu schützen. Auch unter den Menschen sieht man Schüler, die sich bemühen, die Botschaft ihres Meisters zu bewahren.

Dann gibt es Beschützer auf einer sehr hohen Ebene, wie zum Beispiel Mahākāla, den man gleichzeitig als einen Lama, einen spirituellen Meister, einen persönlichen Beschützer oder Yidam und als Beschützer des Dharma betrachten kann. Er wirkt auf allen Ebenen. Dann gibt es mehrere Klassen von Beschützern auf mehr oder weniger fortgeschrittenen Stufen der Erleuchtung, die auf niedrigeren Ebenen wirken. Wenn man von Dharma-Schützern spricht, sollte man sich dessen bewußt sein, daß sie die Beschützer von sehr motivierten Personen sind, die positiv handeln.

Wenn Sie von Beschützern auf einer weniger fortgeschrittenen Stufe der Erleuchtung sprechen, handelt es sich da um weltliche Beschützer, um Gottheiten, wie man sie zum Beispiel in Tibet findet, denen die Menschen ganz spezielle Andachtsübungen widmen?

Der ganze Streit und die Kontroverse, die es um Shugden herum gegeben hat, geht genau darauf zurück. Alles, was der Dalai Lama gesagt hat, war, daß es tatsächlich eine große Zahl von Beschützern gibt und man auf sie zurückgreifen kann, daß man aber einige davon nicht auf ein Niveau heben darf, wo man ihnen zu große Bedeutung beimißt. Das wäre ein Irrtum. Der Beschützer selbst kann sich weiterentwickeln und auf höhere Stufen des Erwachtseins gelangen. Andere gehören zur Welt der negativen Geister. Nach einer Begegnung mit einem spirituellen Meister können diese Wesen lernen, daß sie aufhören müssen, negativ zu handeln, und stattdessen diesen oder jenen Teil des Dharma behüten sollten. Aber da es sich um Wesen handelt, die nicht sehr viel Praxis haben, kann man darauf gefaßt sein, daß sie ein bißchen leichtfertig und naiv in ihren Reaktionen sind. Wenn sie einem eher negativen Reiz ausgesetzt sind, laufen sie ohnehin Gefahr, in ein negatives Verhalten zurückzufallen.

Kann der Begriff des Beschützers auch bedeuten, daß wir selbst über Kräfte und innere Ressourcen verfügen, die wir aktivieren können und die uns dabei helfen, die Hindernisse zu umgehen? Kann man das auch so sehen?

Wenn wir grundlegend positive Neigungen dieser Art haben, werden wir keine äußeren Beschützer brauchen.

Ich habe einen Satz über die Praxis im allgemeinen gelesen, und der war doch etwas entmutigend. Ein großer Meister behauptet:»Ohne bewußte Kontrolle zu sterben, das zieht den Verlust all dessen nach sich, worum Sie sich in diesem Leben so sehr bemüht haben, und es bleibt in Ihnen nur die Prägung dieser letzten Reaktion.« Das bedeutet, daß man sein Leben lang viel praktiziert haben kann; wenn man aber nicht ein ziemlich fortgeschrittenes Stadium erreicht hat, ist all der daraus folgende Gewinn schließlich nicht mehr als eine Prägung für ein späteres Leben. Das ist etwas entmutigend, oder?

Man darf die Dinge nicht auf diese Weise aus dem Zusammenhang lösen. Wenn ein einfacher kleiner negativer Gedanke schon so bedeutende Wirkungen hat, dann kann man sich vorstellen, wie das Ergebnis einer lebenslangen Praxis sein muß!

Das macht mehr Mut, danke!

Was die Hindernisse angeht, muß man wissen, daß es ganz normal ist, wenn sie auftauchen. Von Zeit zu Zeit fühlt man sich nicht wohl, man hat den Eindruck, nicht mehr die gleiche Begeisterung wie früher aufzubringen; Zweifel an der Lehre, dem Lama oder an sich selbst schleichen sich ein. Aber weil das möglich ist, muß es nicht auch tatsächlich eintreten oder muß es jedem auf jeden Fall so gehen. Wenn alle positiven Bedingungen zusammenkommen, kann eine Person sich sehr gut entwickeln, ohne deshalb mit Hindernissen konfrontiert zu werden.

Das sollte niemanden abschrecken, der praktizieren will.

Ganz im Gegenteil: Wenn man so denkt, ist man schon Opfer des ersten Hindernisses.

Auf jeden Fall ist der Lama in solchen Momenten dafür da, mit einem darüber zu reden.

Ja, natürlich.

# UNSER UNIVERSUM

# Die sechs Ebenen der Existenz

Die menschliche Existenz • Bewußt handeln •
Wie man die sechs Klassen von Wesen verstehen muß •
Einfluß der Wesen einer Klasse auf die einer anderen •
Siehe Glossar auf Seite 184

Zahlreiche Texte unterstreichen, daß eine menschliche Geburt äußerst selten, sehr schwer zu erlangen und darum sehr kostbar ist. Diese Texte führen das Gleichnis einer Schildkröte an, die alle hundert Jahre einmal aus den Tiefen des Ozeans an die Oberfläche steigt. Auf den Wellen schaukelt ein Joch. Die Schildkröte ist blind, das Joch ist ein Ding ohne Geist. Verglichen mit der Chance, daß die Schildkröte beim Auftauchen ihren Kopf durch das Loch im Joch steckt, ist die Chance, eine menschliche Geburt zu erlangen, noch geringer. Ich habe in anderen, neueren Texten gelesen, daß die menschliche Existenz vielleicht nicht gar so selten ist, wie dort gesagt wird. Wie denken Sie darüber?

Es geht dabei wohl um verschiedene Arten des menschlichen Körpers. Der, von dem behauptet wird, daß er schwer zu erlangen und selten sei, ist vor allem der sogenannte Kostbare menschliche Körper, der als ziemlich spezifische Gegebenheit angesehen wird und sich durch das auszeichnet, was man die acht Freiheiten und die zehn Bedingungen oder fundamentalen Eigenschaften nennt. Es ist dieser Komplex, was man als Kostbarer menschlicher Körper bezeichnet. Und der ist tatsächlich selten und schwer zu erlangen.

Es ist also der menschliche Körper gemeint, der es uns möglich macht zu praktizieren?

Im großen und ganzen ist der Kostbare menschliche Körper ein Körper, der über alle positiven Bedingungen verfügt, die gegeben sein müssen, damit man praktizieren kann, und wo das Bestreben vorhanden ist, Tugend zu üben, an sich zu arbeiten und zu handeln. Ein Körper, der physisch und mental bei guter Gesundheit ist und die volle Funktionsfähigkeit aller Organe besitzt, ein Wesen, das sich durch Selbständigkeit und Freiheit auszeichnet und welches das Bestreben hat, sich zum Tugendhaften hinzuwenden, und das zudem eine gewisse Beharrlichkeit und Begeisterungsfähigkeit in dieser Richtung aufweist.

Trotzdem heißt es im allgemeinen, daß unter den sechs Klassen von Wesen die der Menschen die begünstigtste sei, diejenige, die die meisten Wahlmöglichkeiten bietet, besonders, was den Dharma angeht, auch wenn man nicht unbedingt den Kostbaren menschlichen Körper besitzt, so, wie Sie ihn gerade beschrieben haben.

Das kommt darauf an: Wenn man sich als menschliches Wesen in eine tugendhafte Richtung entwickelt, hat man tatsächlich die Möglichkeit, zu einer noch größeren Befreiung fortzuschreiten. Aber es gibt auch große Gefahren, alle möglichen Umstände, die dieses menschliche Wesen beeinflussen können. Wenn es auf Schwierigkeiten stößt und nicht den Weg der Tugend wählt, dann kann es zurückfallen oder seine Entwicklung zum Erliegen bringen.

Abgesehen von jener menschlichen Existenz, die mit den kostbarsten Eigenschaften ausgestattet ist – stellt nicht das Erlangen einer Existenz als Mensch gleichwohl das Ergebnis dessen dar, was man eine Ansammlung von Verdiensten nennt?

Ja, das ist so. Aber man muß die großen Unterschiede bedenken, die man bei den Menschen beobachten kann. Einige erlangen diese Existenz in vollkommener Art, andere in mittlerer oder in weniger vollkommener Art. Dem Grad der Verdienste und dem Karma entsprechend, erhält man einen bestimmten Typ des menschlichen Körpers. Das gilt zum Beispiel auch für Katzen und Hunde: Man kann sehen, daß der »Stand« der Tiere sehr unterschiedlich sein kann, je nachdem.

Diese allgemeine Situation hat niemand künstlich geschaffen. Denn es ist ja wohl klar, wenn man die Wahl hätte, würde jedermann sagen: »Ich möchte in rundum positiven Umständen wiedergeboren werden.« Das würde man sagen, aber es reicht eben nicht der Wunsch, damit die Dinge auch so eintreffen. Jedermann hätte gern positive Umstände, und niemand schätzt unangenehme, unglückliche oder verderbliche Umstände. In diesem Sinn kann man das Verdienst als Kriterium betrachten, als etwas, wodurch wir die Wirklichkeit, die Vielfalt der Lebenswelten erfassen und verstehen können. Alles ist an das Verdienst gebunden, das wir gesammelt haben, und an die Fähigkeit, Tugend zu üben. Mehr als unsere Wünsche bestimmt unsere Wahl das Ergebnis, das wir zu erwarten haben. Das zeigt sich klar in allen Umständen unserer Geburt: das Land und die Epoche beispielsweise. Jemand kann in einem friedlichen Land geboren werden oder in einem Land, wo Krieg herrscht.

**Wie erklärt man die Tatsache, daß es immer mehr Menschen auf der Erde gibt?**

Man betrachtet die Ebene der menschlichen Existenz in etwa wie eine große Straßenkreuzung, einen Ort, den alle Wesen passieren müssen, die sich nach oben oder nach unten hin entwickeln. Und man stellt fest, daß es tatsächlich einen großen Durchlauf gibt. Im übrigen kann man auch feststellen, daß wir in der kosmischen Evolution, soweit sie unseren Globus betrifft, in einer Epoche leben, in der die Aktivität, die Unruhe einen Kulminationspunkt erreicht. Und wie bei allen Welten gibt es große Zyklen – Entstehung, Entwicklung, Kulmination und Vergehen. Ein solches Anwachsen der Bevölkerung hat also nichts Anormales.

**Der Dalai Lama ist dafür, das rasende Anwachsen der Weltbevölkerung zu stoppen. Sind Sie damit einverstanden?**

Angesichts der Situation, die wir heute beobachten können, ist das eine intelligente Reaktion. Man kann einen solchen Standpunkt akzeptieren, wenn man die wissenschaftlichen Gutachten über den Zustand der Erde und die Probleme in Betracht zieht, die ein zu schnelles Anwachsen der Bevölkerung schafft: Wenn man die Zunahme der Bevölkerungszahl begrenzt, wird die Lebensqualität bewahrt. Daraufhin brutal zu intervenieren oder zu töten, ist ein anderer Schritt.

Es ist also notwendig, empfängnisverhütende Mittel zu gebrauchen?

Ja. Manche werden sagen: Unter der Voraussetzung, daß sie auf der ganzen Welt angewendet werden. Denn wenn einige Länder ihre Einwohnerzahl begrenzen und andere nicht, besteht die Gefahr, ein Ungleichgewicht zu schaffen.

Nehmen wir einmal an, unser Planet würde völlig zerstört, sei es beispielsweise durch die Kollision mit einem Meteor oder aufgrund eines Atomkriegs. Kurz, stellen wir uns einmal vor, die menschliche Rasse sei von der Weltkarte getilgt. Ist es möglich, daß eine der Klassen von Wesen, in diesem Fall die Menschen, mit einem Mal völlig verschwindet? Inkarniert sie sich dann automatisch auf den anderen Existenzebenen?

Es ist zu erwarten, daß es zu einem bestimmten Zeitpunkt zu diesem Verschwinden kommt. In den Texten heißt es, daß Welten entstehen, existieren und dann vergehen. In diesem Moment würde aber alles verschwinden. Es heißt, daß im Prozeß der Entstehung zuerst die Ebene der himmlischen Wesen erscheint, und dann geht es von Stufe zu Stufe abwärts. Wenn dagegen ein Universum in die Phase des Vergehens eintritt, verhält es sich umgekehrt. Zuerst verschwinden die niederen Wesen, und dann geht es höher hinauf. Manche Schriften sprechen von einer Zerstörung durch das Feuer. Es ist von sieben Sonnen die Rede, von einer zerstörerischen Gluthitze, die von sehr heftigen Stürmen begleitet wird und dieses Universum völlig vernichtet.

Das bedeutet, daß nicht nur die Menschen, sondern auch die anderen fünf Klassen von Wesen verschwinden, um sich später erneut zu formieren?

Ja, man muß sich vorstellen, daß in diesem Moment alles, wirklich alles, verschwindet. Außerdem ist diese Hierarchie, diese Klassifizierung der Wesen in sechs Existenzebenen, eine künstliche Konstruktion, eine, die sich nur auf unsere Welt bezieht.

Wohin begeben sich denn die Geister in diesem Zwischenstadium?

Das Bewußtseinsprinzip wird in anderen Welten wiedergeboren oder befindet sich in einem gestaltlosen Zustand der Existenz.

Aber gibt es nicht so etwas wie ein zeitliches Aussetzen, wo man sich nirgends inkarniert? Wenn die verschiedenen Klassen von Wesen vorübergehend zerstört sind, wo kann sich ihr Geist dann inkarnieren?

Diese Zwischenperiode entspricht dem Ende eines Universums und dem Beginn eines neuen, das heißt einer Wiedergeburt in einem neuen kosmischen Kontext.

Kann man sich vorstellen, daß es woanders noch andere menschliche Wesen gibt, oder zumindest Wesen, die den Menschen ähnlich sind, auf einem anderen Planeten vielleicht? Die Wissenschaft schließt diese Hypothese nicht aus.

Wahrscheinlich ja, auch wenn wir sie noch nicht gesehen haben. Es gibt ja viele Dinge, die wir sehen können, aber noch mehr, die wir noch nicht wahrzunehmen in der Lage sind. Darunter wahrscheinlich auch Wesen, die uns ähneln. Für die Buddhisten gibt es Welten, die im Osten, im Westen, im Süden und im Norden liegen, überall also.

Manchmal wird behauptet, wenn man einmal eine menschliche Existenz erlangt habe, könne man nicht mehr in niedrige Existenzen zurückfallen. Wie steht es damit?

Das kommt darauf an. Im Prinzip entwickelt man sich in eine positive Richtung, aber trotzdem ist die Gefahr immer gegenwärtig: Man muß sich ja nur ansehen, wie manche Menschen sich verhalten. Da ist wohl die Frage berechtigt, ob diese Menschen sich positiv entwickeln. Was diejenigen angeht, die tugendhafte und positive Verhaltensweisen entwickeln, so gibt es da nicht den geringsten Zweifel. In einigen Fällen kann man sich aber auf das Schlimmste gefaßt machen.

Bleiben wir noch in der Welt der menschlichen Wesen, die uns umgibt. Was kann man über die Pflanzen sagen? Meint man im Buddhismus, daß sie ein Bewußtsein haben oder etwas, das dem nahe kommt? Man hat zum Beispiel festgestellt, daß es einer Pflanze, um die man sich liebevoll kümmert und zu der man spricht, besser zu gehen scheint, und es könnte sein, daß das auf etwas anderes zurückzuführen ist als auf eine automatische Reaktion.

Der Buddhismus neigt nicht zu der Behauptung, daß Pflanzen oder Bäume Geist haben. Man trifft aber auf Situationen, wo ein lebendiges Wesen eine Pflanze oder einen Baum bewohnt. Wie muß man das verstehen? Gewisse Geister haben einen Körper und andere nicht. Sie sind gestaltlos. Infolge einer Art von Anhänglichkeit kann das Bewußt-

97

seinsprinzip an diesem oder jenem Objekt gewissermaßen haften. Wenn wir zum Beispiel an dem einen oder anderen Objekt sehr hängen, kann es geschehen, daß unser Geist, wenn wir gestorben sind, damit verbunden bleibt. Und wenn die Hinterbliebenen das Objekt nachlässig oder brutal behandeln, verletzen sie den betreffenden Geist mit ihrem Tun. Wenn man an die große Zahl von Lebewesen denkt, die in unserem Kontinuum existieren, begreift man, daß man sehr vorsichtig sein muß, wenn man zum Beispiel einen Baum fällt oder etwa einen Rasen mäht. Man soll einen Baum nicht wild abholzen und auch die Tür nicht laut zuschlagen, um Störungen für die anderen zu vermeiden. Was immer man auch tut, sollte man sorgfältig, verantwortungsbewußt und umsichtig tun.

Bedeutet das, daß ein Landwirt, der mit seiner Mähmaschine relativ mechanisch arbeitet, viel negatives Karma ansammelt, weil er Wesen, die vielleicht an den Pflanzen haften, tötet oder ihnen Schmerzen bereitet? Im Fall eines Schlachters ist das natürlich sehr viel offensichtlicher. Aber nehmen wir einmal einen Menschen, der friedlich sein Feld beackert. Richtet er so, ohne es zu wissen, viel Schaden an?

Man könnte das so betrachten, aber es gibt keinen Grund, sich von dem Gewicht der Schuld oder des Bösen niedergedrückt zu fühlen. Zumal hier niemand ohne Fehl ist: der Autofahrer, der Reisbauer, der seine Felder überflutet, und so weiter. Etwas Negatives geschieht nur unter bestimmten Umständen. Umstände, die unter anderem zum großen Teil davon abhängig sind, ob man sich bewußt wird, daß man dabei ist, schlecht zu handeln.

Es ist also alles eine Frage der Absicht? Wenn jemand schönes Gemüse zieht, um etwas Gutes zum Essen anzubieten, und dabei vielleicht gewissen Geistern oder winzigen Tierchen Schaden zufügt, ist das nicht so schwerwiegend?

Der entscheidende Punkt bleibt das Denken, die Haltung und die Motivation, die allem, was geschieht, zugrunde liegt. Selbstverständlich spielt auch die Handlung selbst bis zu einem gewissen Grade eine Rolle, aber wesentlich ist die Motivation. Damit das karmische Gewicht einer Handlung schwer wiegt, müssen vier Bedingungen zusammenkommen: Es muß erstens ein Wesen geben, das sich dessen, was geschieht, im Grunde bewußt ist; dann zweitens das Denken, die Motivation, die Tatsache zum Beispiel, wirklich mit der Absicht des Tötens zu handeln; dann muß drittens die Handlung selbst dazukommen sowie schließlich viertens ihre Vollendung, das heißt eine Genugtuung im nachhinein: »Ich habe gut daran getan, so zu handeln, ich bedauere nichts und habe keine Gewissensbisse.« Karma ist also nicht allein im Fall der Bauern gültig, sondern bei allem und allen.

Wir haben gerade über die Beziehungen zwischen Mensch und Pflanze gesprochen und sollten uns jetzt vielleicht den Tieren zuwenden, insbesondere der Frage der Nahrung. Viele Menschen, auch Buddhisten, essen Fleisch. Sollte man sich nicht bemühen, es nicht zu essen und kein Leid zu verursachen, vor allem, wenn man weiß, unter welchen Bedingungen die Tiere aufgezogen, gehalten und dann geschlachtet werden?

Aus all diesen Gründen ist es tatsächlich besser, kein Fleisch zu essen. Man muß aber auch eine Haltung vermeiden, die man als allzu auftrumpfend bezeichnen könnte, wie sie Leute einnehmen, die herumtrompeten: »Also, ich esse kein Fleisch!«, als hätten sie einen Sieg errungen.

Denn derjenige, der kein Fleisch ißt, kann sich aus ganz unterschiedlichen Gründen dazu entschlossen haben: Vielleicht mag er Fleisch nicht so gern, oder er hat Angst, davon alle möglichen Krankheiten zu bekommen, und so weiter. Dieser Entschluß kann auf völlig egozentrischen Erwägungen beruhen. Aber wenn einem das Los der Tiere, die zu Nahrungszwecken getötet werden, wirklich zu Herzen geht und man sich aus diesem Grunde entschließt, kein Fleisch zu essen, dann sollte man natürlich lieber kein Fleisch essen.

Und ein Buddhist, der gewisse Gelübde abgelegt hat und darauf bedacht ist, kein Leid zu verursachen, der aber trotzdem weiterhin Fleisch ißt, lädt der nicht negatives Karma auf sich?

Fleisch zu essen ist negativ, das ist sicher, aber man muß das alles als einen Prozeß betrachten. Jemand kann sich entwickeln und nach und nach positive Verhaltensweisen annehmen. Man muß also die Handlung in ihren Kontext stellen. Fleisch zu essen oder nicht zu essen, das ist nicht wie eine magische Formel. Viele Dinge spielen da mit hinein. Und es gibt auch unterschiedliche Weisen, Fleisch zu essen.

Ja, man kann zum Beispiel dem Tier, das verzehrt wurde, eine glücklichere Wiedergeburt wünschen. Das ist eine Art und Weise, eine Handlung, die nicht sehr positiv ist, abzumildern.

Man kann tatsächlich bei einer solchen Gelegenheit diese Gedanken hegen. Es ist gut, selbst in diesem negativen Kontext so zu denken. Im Buddhismus ist das Karma eine Wirklichkeit, die man unter all ihren Aspekten betrachten muß. Das verdeutlicht auch eine Anekdote aus einem früheren Leben des Buddha. Er befand sich auf einem Boot mit vielen anderen Passagieren, als er wahrnahm, daß ein Mitglied der Besatzung entschlossen war, alle Passagiere zu töten. Der künftige Buddha versuchte zuerst, ihn zur Vernunft zu bringen, indem er lange mit ihm redete, mußte aber feststellen, daß es ihm nicht gelang, den Mann umzustimmen. Also tötete der Buddha ihn. Es heißt, daß er mit dieser Tat enorme Verdienste sammeln konnte: zuerst, weil er das Leben sehr vieler Menschen rettete, und dann auch, weil er diesen Mann daran hinderte, eine schlechte Tat zu begehen.

Mich beschäftigt noch etwas. Ich habe in einem Text gelesen, es sei besonders negativ, zu seinem persönlichen Verzehr ein Tier schlachten zu lassen. Nun verlangen die meisten Menschen, die Fleisch konsumieren, ja nicht ausdrücklich, daß ein Tier für sie getötet wird. Das ganze ist viel anonymer. Man weiß, daß das irgendwo irgend jemand für die Masse der Konsumenten tut, aber es gelingt einem schnell, nicht mehr daran zu denken. Ist das nicht ein bißchen heuchlerisch?

Man muß die Dinge trotzdem sehen, wie sie sind: Jemand, der den Befehl gibt, ein Lebewesen zu seinem persönlichen Verzehr zu töten, ist immerhin stärker in diese Handlung verwickelt als der Konsument in der Situation, die Sie beschrieben haben. Objektiv betrachtet, kann man also sagen, daß im ersten Fall das Subjekt mehr in die Sache einbezogen ist, denn es bringt darüber hinaus noch jemand anderen dazu, negativ zu handeln.

Aber das passiert doch sowieso. Ich will sagen, daß all die Fleischkonsumenten indirekt ein Gemetzel provozieren, im wahrsten Sinne des Wortes.

Aber alles hängt auch zusammen. Wir sind alle durch ein gemeinsames Karma miteinander verbunden, das ist gewiß. Diejenigen, die Fleisch essen, können sagen, daß sie es nicht tun würden, wenn es keine Schlachter gäbe. Und die Schlachter könnten wiederum sagen, daß sie nicht schlachten würden, wenn es keinen Konsumenten gäbe. Man läuft also Gefahr, sich im Kreise zu drehen, wenn man so urteilt.

Ich würde gern die Frage nach der relativen Autonomie der einzelnen Klassen von Wesen stellen. Die unsrige scheint greifbar, die Klasse der Tiere auch, vor allem die, die täglich um uns sind. Ist es dasselbe bei den anderen Ebenen, den Welten der Hölle, der Hungrigen Geister, der Halbgötter und der Götter? Haben auch diese Welten ihr eigenes Kontinuum, oder symbolisieren sie einfach unseren Geist, der von Zorn, Stolz oder anderen negativen Emotionen beherrscht wird?

Objektiv betrachtet, kann man einfach sagen, daß eine Klasse von Wesen existiert, die der Menschen, die durch geistige Haltungen und ein physisches Substrat, einen spezifischen Körper, charakterisiert sind. Das ist eine bestimmte Tatsache, so, wie es die Klassen der Götter, der Halbgötter, der Tiere, der Hungrigen Geister und der Hölle gibt. In manchen Texten findet man sogar genaue Angaben zur geographischen Lage dieser verschiedenen Existenzbereiche. In anderen Texten aber wird erklärt, das Wichtigste sei zu verstehen, daß ein karmischer Entwicklungsprozeß jemanden dazu bringt, in einem bestimmten Kontinuum geboren zu werden, und zwar aufgrund ganz bestimmter Grundtendenzen. Jedes Kontinuum wird durch mentale Projektionen und eine bestimmte Weise, die Realität des Universums zu begreifen, geformt. Es ist eine Funktion dieser Grundtendenzen.

All das kann auch wie eine Art Kaleidoskop erscheinen: Man findet die sechs Existenzebenen überall wieder. Ein Teil der Menschheit leidet unter Hitze oder Kälte wie die Wesen der Hölle, unter Hunger und Durst wie die Hungrigen Geister, an einer gewissen Dumpfheit oder geistigem Unvermögen wie die Tiere, ebenso wie an typisch menschlichen Leiden. Gewisse menschliche Wesen haben Streit und kämpfen miteinander oder befinden sich in pausenlosem Krieg wie die Halbgötter. Und dann gibt es noch das Los einiger weniger, die eine Zeitlang Führer des Planeten sind oder in Luxus und Reichtum leben wie die Götter, und dann wieder auf niedrige Stufen zurückfallen. All diese Dinge geschehen unaufhörlich.

Eine andere Anekdote handelt vom zukünftigen Buddha, der damals in der Höllenwelt lebte. Zusammen mit einem Leidensgefährten schleppte er eine sehr schwere Last; von Erbarmen bewegt, bot er seinem Freund an, die ganze Last allein zu schleppen. Der Schinder, der sie überwachte, geriet darüber in Zorn und tötete den Buddha. Unmittelbar darauf wurde der Buddha in einer himmlischen Welt wiedergeboren. Warum? Weil nämlich der Gedanke, den er in diesem Moment zum Ausdruck brachte, von einem tiefen Erbarmen für seinen Gefährten genährt war. Es heißt, daß dies das erste Mal im Schicksal des zukünftigen Buddha war, wo er Bodhichitta entwickelte, die positive Haltung, die zum Geist der Erleuchtung führt.

Ich habe noch einmal ältere Texte zur relativen Autonomie, man kann auch sagen Materialität, der einzelnen Existenzebenen gelesen. Wenn man zum Beispiel die Beschreibungen der verschiedenen Arten von Höllen liest, dann ist das einfach abscheulich. Ist das wirklich so schrecklich und dauert es wirklich so lange? Oder wollten die Autoren dieser Texte ihren Lesern einfach Angst einjagen? Wenn man einen zeitgenössischen Meister wie Chögyam Trungpa liest, erscheint die Beschreibung der Hölle Avichi, der tiefsten Stufe, schon etwas moderner und subtiler. Sind die Höllen wirklich wie auf den Gemälden von Hieronymus Bosch, wo sich Lavaströme in die Münder der Unglücklichen ergießen?

Man kann immerhin behaupten, daß die Dinge auf diese Weise geschehen. Das ist natürlich eine bestimmte Ausdrucksweise. Es ist aber wichtig zu wissen, daß der Buddha, als er von diesen Dingen sprach, dies unter folgendem Aspekt tat: Wir können unter Bedingungen wiedergeboren werden, wo diese oder jene Art von Leiden auftritt. Dennoch wäre es etwas anderes, wenn man sagte, diese Leiden existierten real. Als der Buddha über die sechs Klassen von Wesen sprach, geschah das auf der Grundlage ganz bestimmter Erfahrungen. Er hat erklärt, daß die Leiden, die einem in dem und dem Zusammenhang widerfahren, von der und der Art sind, und in einem anderen wiederum von anderer Art. Das ändert nichts daran, daß jedes Leiden nur eine subjektive Realität ist. Es gibt keine objektiven Parameter, um den Grad des Leidens zu bestimmen.

Und was hat es mit der »gegenseitigen Durchdringung« zwischen den Klassen auf sich? Ich meine damit, daß die Menschen die Tiere sehen, und umgekehrt. Es scheint, daß die Halbgötter und Götter uns sehen, aber wir sie nicht. Warum diese Unterschiede?

Die Stufe der Weisheit, auch des Verdienstes sowie der Grad der Verwirklichung spielen eine Rolle dabei, ob es zu einer solchen Schau kommt oder nicht.

In den Texten steht auch, daß die Götter sich freuen, wenn die Menschen den Dharma praktizieren, während es die Halbgötter ärgert. Man kann aber auch lesen, daß die Praxis den Göttern völlig egal ist und daß alles, was sie interessiert, das Vergnügen ist. Gibt es dafür eine Erklärung?

Es gibt wahrscheinlich himmlische Wesen, die noch dem Dharma zugewandt sind und die Spiritualität wertschätzen. Es freut sie, Menschen zu sehen, die intensiv praktizieren. Unter den Menschen freuen wir uns ja auch, wenn wir jemanden sehen, der tugendhaft ist, der sich zum Guten entwickelt und danach handelt. Wir freuen uns auch deshalb, weil das für viele Wesen Segen bringt. Man kann sich also vorstellen, daß es unter den himmlischen Wesen noch einige gibt, die diese Beziehung zur Spiritualität haben, die danach streben und sie zu würdigen wissen. Aber größtenteils versinken die Götter in Bequemlichkeit und Luxus.

Als ich vorhin die Pretas, die Hungrigen Geister, erwähnte, kam mir das Bild von Gespenstern, Wesen, die immateriell und etwas gehässig sind. Könnte das die Erklärung für gewisse Fälle von Besessenheit sein oder für die Wahrnehmung von unsichtbaren und übelwollenden Wesen?

Man kann da tatsächlich eine Verbindung herstellen, zumal es in der Welt der Pretas eine große Vielfalt von Wesen gibt, unter denen einige sind, die ihre Negativität projizieren.

Manche behaupten, daß eine besessene Person aufgrund ihres Karma Qualen erleidet und daß es ihr eigener Geist ist, der deliriert. Für andere ist es tatsächlich eine ganz konkrete Besessenheit durch einen anderen Geist, ein Wesen, das von außen kommt. Wie denken Sie darüber?

In jedem Fall kann man sagen, daß es sich im allgemeinen um das Karma dieser Menschen handelt. Das ist sicher. Das schließt aber nicht aus, daß infolge gewisser Handlungs- und Denkweisen das geschaffen wird, was man die mitwirkenden Ursachen nennt, äußere Bedingungen, die bewirken, daß dieser oder jener Einfluß dazukommt. Man kann das so formulieren: Wenn es eine Art Schwäche bei dem Menschen gibt, der diese Bedingungen geschaffen hat, wenn etwas gerade heranreift, sich entwickelt, wenn es um einen gewissen Zerfallsprozeß geht, dann kann es sein, daß sich bestimmte Strömungen oder negative Tendenzen an diesem Schwachpunkt festmachen und eine Entwicklung zum Bösen hin verstärken.

Das bedeutet also, wenn jemand labil ist, wenn es so etwas wie Breschen gibt, dann kann das die bösen Geister anziehen?

Ja, so ist es – in dem Sinne, daß durch eine Krankheit, ein Ungleichgewicht oder eine Schwäche so etwas wie eine offene Tür für das Böse vorhanden ist. Man kann feststellen, daß boshafte Menschen tatsächlich die Kunst beherrschen, schwache, oder besser geschwächte Personen auszuwählen.

In jedem Fall würden Sie aber unterstreichen, daß es sich auch um eine karmische Schuld gegenüber diesen Wesen handelt?

Dabei spielen sehr viele Dinge eine Rolle, die miteinander verknüpft sind. Man kann sich beispielsweise im Zustand einer physischen oder geistigen Ermattung befinden, wenn man große Anstrengungen hinter sich hat. Man verliert dann etwas an Vitalität und Widerstandskraft.

Wenn man an die Klasse der Götter im Buddhismus denkt und mit großem Respekt die anderen Religionen betrachtet, kann man dann irgendwelche Parallelen zwischen den buddhistischen Göttern und der göttlichen Essenz im Christentum, Hinduismus oder in anderen theistischen Religionen ziehen?

Im Buddhismus ist der Ausdruck »himmlische Wesen« ein Gattungsbegriff. Wenn man zum Beispiel von menschlichen Wesen spricht, denkt man an all die verschiedenen Menschentypen. Es sind Benennungen, die man da benutzt, und so kann es auch alle möglichen Formen himmlischer Wesen geben. Andererseits ist das alles auch etwas metaphorisch. Ich kann zum Beispiel sagen, Jean-Marc ist wie ein göttliches Wesen; dann ist damit gesagt, daß es sich um einen guten Menschen handelt. Oder ich kann zum Beispiel sagen, daß Lama Karta ein dämonisches Wesen ist! Das Wort »himmlisches Wesen« oder »Gott« oder »Gottheit« bezeichnet in diesem Sinne positive Wesenheiten. Dagegen benutzt man im tibetischen Buddhismus auch den Begriff »Gott-Dämon«. Wenn es einem gelingt, diesen Wesenheiten zu gefallen, handeln sie positiv. Wenn man ihnen mißfällt, handeln sie negativ. Die verschiedenen Charakterzüge treten also in Aktion, wenn sie angesprochen werden.

Könnte das die große Vielfalt der Götter erklären, die man in manchen Religionen antrifft? Auch im Buddhismus, wo es milde und rasende Gottheiten gibt?

Wir leben wirklich in einer Welt, wo es von Wesen nur so wimmelt. Einige sind bedeutend, andere weniger, und einige haben noch geringere Bedeutung.

In den letzten Jahren gab es in Europa Fälle, wo Kinder die Jungfrau Maria gesehen haben. Haben diese Kinder wirklich die Jungfrau Maria gesehen, oder haben sie vielleicht ein gütiges Wesen, ein himmlisches Wesen von der Art gesehen, wie man sie im Buddhismus antrifft? Wie kann man das erklären?

Das sind Dinge, die wirklich passieren. Auch im Buddhismus kommen ähnliche Visionen vor. Aber im allgemeinen kann so etwas nur auf der Basis eines wirklich sehr tiefen Glaubens geschehen. Der wesentliche Punkt ist der Glaube, ein tiefes Vertrauen, und unter dieser Bedingung kann es zu einer solchen Manifestation kommen. Warum nicht? Im Geist ist alles möglich ...

Aber ist denn diese Manifestation wirklich ein fühlendes Wesen, oder handelt es sich um eine Halluzination aufgrund eines intensiven Glaubens oder glühender Verehrung?

Man kann sagen, daß es sich um eine Projektion dieser Person handelt, die das im übrigen nicht notwendigerweise als Projektion erkennt – das ist möglich. Es ähnelt Bildern auf einer Kinoleinwand. Andererseits können da, wo Liebe und Erbarmen als unerläßliche Voraussetzung gegenwärtig sind, solche Bilder auch Gestalt annehmen.

Wenn wir noch einmal auf das Beispiel von gewissen Geistern zurückkommen, die mit Pflanzen oder irgendwelchen Objekten verbunden bleiben können, dann kann man vielleicht darin eine Erklärung für die religiöse Verehrung von Pflanzen und sogar Steinen finden, die zum Beispiel bei den Indianern Nordamerikas zu finden ist?

Es gibt dabei einen kleinen, aber wichtigen Unterschied zu beachten: Anstatt zu sagen, daß gewisse Religionen Bäume oder Felsen als Götter verehren, weil gewisse Geister an diesen Objekten haften, sollte man lieber davon sprechen, daß es in gewissen Kulturen üblich ist, Aspekte des Lebens, Naturelemente, den menschlichen Körper oder gesellschaftliche Traditionen zu sakralisieren. Die Anthropologen können uns für diese Gebräuche eine Erklärung liefern.

# Die Reinen Gefilde

**Könnten Sie uns in wenigen, einfachen Worten ins Gedächtnis rufen, was ein Reines Land oder Reines Gefilde ist?**

Es handelt sich um ein Gefilde der Seligkeit, wo die Erfahrung des Leidens nicht existiert, nicht einmal das Wort dafür. Wir wissen ja, daß es Orte gibt, wo man zwar gut leben kann, wo es nur Positives gibt, wo aber die Bewohner dennoch Leid empfinden. Andererseits gibt es Beispiele von reinen Wesen, die sich in einer Umgebung befinden, welche selbst nicht gerade rein ist. Und dann gibt es Fälle, wo sich weder die Orte noch die Bewohner durch große Reinheit auszeichnen. Bei den Reinen Gefilden jedoch handelt es sich um eine Wirklichkeit, in der es kein Leiden gibt und wo Wesen geboren werden, die aufgrund ihres Verdienstes kein Leiden mehr erzeugen. Das ist also eigentlich ein Ort, dessen Bewohner Leiden weder kennen noch verursachen. Deshalb spricht man von Reinen Gefilden.

**Ist dieses Reine Gefilde eine Wirklichkeit, die immer mit dem Samsāra verbunden ist, oder entsteht es aus dem Nirvāna?**

Das Reine Gefilde ist sicherlich kein Gefilde, welches sich im Bereich dessen findet, was man Nirvāna nennen könnte. Selbst ein gewöhnliches Wesen kann in den seligen Gefilden von Amitābha wiedergeboren werden, aber es handelt sich nicht um die endgültige Erlösung. Man kann sagen, daß es sich um eine Stufe handelt, auf der man mit der Praxis fortfahren und allmählich bis zur Erleuchtung fortschreiten kann. Es gibt zahllose Arten von Reinen Gefilden. Was uns betrifft, so haben wir die Möglichkeit, im Gefilde von Dewachen, der großen Seligkeit, wiedergeboren zu werden.

Ein Wesen kann also in einem Reinen Gefilde Erleuchtung erlangen?

Ja, oder dort zum Erwachen fortschreiten. In den Texten heißt es, Amitābha sei zu einem gewissen Zeitpunkt aus seinem Reinen Gefilde verschwunden und Chenresi habe seine Nachfolge angetreten und dort den Zustand des vollkommenen Erwachtseins erlangt.

Es gibt eine ganze Reihe von Reinen Gefilden. Handelt es sich dabei immer um die Schöpfung eines erwachten Wesens?

Den Begriff »Schöpfung« kann man hier nicht anwenden. Wenn ein Wesen irgendwo ankommt, kann dieser Ort in der Erfahrung dieser Person zu etwas ganz Bestimmtem werden. Man kann sagen, daß sie ihn in Besitz nimmt oder den Zusammenhang, in dem sie lebt, in diesem Sinn formt, man kann aber nicht sagen, daß sie ihn wirklich erschaffen hat.

Aber man spricht doch vom Reinen Gefilde des Amitābha oder vom Reinen Gefilde der Tārā, neben sehr vielen anderen. Regiert der Bodhisattva oder das betreffende erwachte Wesen über dieses Reine Gefilde?

Man muß das Reine Gefilde eher als eine Ausdrucksform bestehender Bindungen ansehen. Im Reinen Gefilde von Dewachen gibt es den Buddha Amitābha, Chenresi und Vajrapāni. Zum Beispiel gibt es Bande zwischen Chenresi und seinem spirituellen Meister Amitābha. Eine ganze Reihe dieser Bande verwebt sich, und das führt dazu, daß das Reine Gefilde des Amitābha erscheint. Man kann also nicht von der Schöpfung des Reinen Gefildes sprechen, sondern eher von einem Zusammentreffen von Umständen. Das ist so wie damals, als der Dalai Lama sein Land verließ, um sich in Dharamsala niederzulassen. Dharamsala stellt heute etwas ganz Besonderes dar, aber man kann nicht sagen, daß es der Dalai Lama war, der Dharamsala erschaffen hat.

Gibt es eine besondere Übung, die die Verbindung zu einem Reinen Gefilde herstellt?

Es gibt mehrere Ebenen von Reinen Gefilden. Bei einigen muß das Individuum vollkommen gereinigt sein, um dorthin gelangen zu können. Aber das Gefilde von Dewachen zum Beispiel ist für Wesen zugänglich, die noch nicht gänzlich gereinigt sind und mit einem Sack voller Emotionen ankommen. Man kann dorthin gelangen, wenn vier Bedingungen erfüllt sind, wenn man:

1. sich an die Existenz und die Merkmale von Dewachen erinnert;
2. in höchstmöglichem Maß Tugend übt;
3. Bodhichitta entwickelt;
4. den Wunsch zum Ausdruck bringt, im Paradies der großen Seligkeit wiedergeboren zu werden.

**Erreicht der Bewußtseinsstrom das Reine Gefilde direkt nach dem Tod?**

Genau in dem Moment, wo die Atmung aufhört. Das ist der Zeitpunkt, von dem man sagt, daß Amitābha kommt und die Wesen in Empfang nimmt, die sich das gewünscht haben. In Tibet gibt es viele Lamas oder alte Menschen, die mit folgendem Satz auf den Lippen sterben: »Da sind sie: Amitābha und sein Gefolge kommen, mich zu empfangen.«

**Man sagt, daß im Bardo, der auf den Tod folgt, der Geist besonders empfänglich ist. Kann es passieren, daß ein Geist von der Vision des Reinen Gefildes dermaßen beeindruckt ist und sich so fürchtet, daß ihm das den Zugang verwehrt?**

Die Gefahr besteht natürlich. Aus diesem Grunde muß man in diesem Leben üben. Es sollte sein wie bei der Begegnung zwischen einer Mutter und ihrem Sohn: Wenn man die Erfahrung so sieht und auf diese Weise empfindet, dann ist die Chance größer, daß man dorthin gelangt. Im Westen vermeiden einige Menschen angesichts der komplizierten Beziehungen, die es hier manchmal zwischen Eltern und Kindern gibt, lieber das Bild von der Begegnung zwischen Mutter und Sohn und wählen die Vorstellung eines Wiedersehens mit alten Freunden!

**In einem Reinen Gefilde ist die Praxis sehr viel wirkungsvoller und der Weg zur Erleuchtung kürzer. Wenn man die Buddhaschaft einmal erlangt hat, bleibt man dann in dem Reinen Gefilde, oder kehrt man doch in den Samsāra zurück?**

Das hängt von den Beweggründen ab, auf denen die Entwicklung beruht. Einige wollen all den schmerzlichen

Aspekten des Samsāra entkommen und wollen deshalb in die Reinen Gefilde der großen Seligkeit gelangen. Aber für einen Bodhisattva zum Beispiel geht es nicht darum. Für ihn ist das ein zeitweiliger Übergang. Man muß weiter fortschreiten, immer weiter.

**Ist das Reine Gefilde ein Bereich, in dem man besonders wirkungsvolle Unterweisungen erhält?**

Es ist ein Kontinuum, wo alle Töne die Töne des Dharma sind. Die Vögel, der Wind, das Wasser, all das stellt einen Teil dessen dar, was die Natur des Dharma ist. Und ein Individuum, das bereit ist, viel aufzunehmen, kann blitzartig und unvermittelt dorthin gelangen. Dagegen kann bei jemandem, der nichts wahrnimmt, der nicht offen ist, auch alles stagnieren.

**Letztendlich ist das Reine Gefilde also nicht zwangsläufig eine einfache Fahrt zur Erleuchtung. Es hängt von den Möglichkeiten und dem Willen des einzelnen ab.**

Ja, ja.

**Könnte man anhand der Reinen Gefilde erklären, wie es zu der Vorstellung vom Paradies gekommen ist, die es ja in vielen Religionen gibt?**

Vielleicht.

**Es wird dort also jeder eine Umgebung und Gestalten sehen, die eine Beziehung zu seiner eigenen Tradition haben. Ich will damit sagen, daß ein Christ oder ein Muslim dort das antreffen wird, was der Ikonographie seiner Tradition entspricht?**

Ja. Jeder benutzt seine eigenen Bezugspunkte.

Gibt es im tibetischen Buddhismus Prophezeiungen?

Worüber?

Über die Zukunft der Menschen, sowohl auf materieller als auch spiritueller Ebene. Gibt es Texte, in denen deutlich von bestimmten zukünftigen Ereignissen die Rede ist?

Zum Schicksal des Universums gibt es schon einige Hinweise. In Tibet gibt es außerdem hier und da Prophezeiungen über das Schicksal des Landes.

Ich würde jetzt gern auf das berühmte Königreich von Shambhala kommen, das in der Zukunft erscheinen soll. Könnten Sie uns in wenigen Worten erklären, um was es sich handelt?

---

SHAMBHALA

Ein mythisches Königreich im Norden, über das eine Dynastie herrscht, die mit dem Kālachakra verbunden ist. Shambhala ist kein Reines Gefilde, sondern befindet sich auf einer Ebene, die aufgrund einer größeren spirituellen Kraft zwar höher ist als die unsere, sich von der unsrigen aber nur geringfügig unterscheidet. Einige große Lamas der Vergangenheit, wie etwa Tāranātha, konnten sich in dieses Königreich Shambhala begeben und haben esoterische »Reiseführer« für diejenigen verfaßt, die es ihnen gleichtun wollen.

---

In Buddhas Reden und in anderen Schriften ist die Rede von Welten, die unserem Universum gleichen, wo Wesen existieren, die uns ähnlich sind oder auch nicht. Unter anderem hat er auch das Königreich Shambhala erwähnt, eine Welt, in der Wesen leben, die uns gleichen. Der König von Shambhala war nach Indien gekommen, um an den vom Buddha gegebenen Unterweisungen zum Kālachakra teilzuhaben, und er hat sie in die Praxis umgesetzt. Er gab auch Kommentare zu diesen Lehren. Später haben sich bedeutende Adepten, Inder und Tibeter, der Praxis des Kālachakra gewidmet und so etwas wie einen Führer für die Reise ins Königreich Shambhala erstellt. Im Tengyur, der Sammlung der Kommentare zu den Lehren des Buddha, die Bestandteil der kanonischen Texte ist, findet man Berichte darüber. Diese Gestalten waren wirklich an Ort und Stelle, sie haben dort das Kālachakra praktiziert. Das waren also nicht nur irgendwelche Träume, sondern Erfahrungen.

**Inwieweit kann man an die tatsächliche Existenz dieses Königreichs Shambhala glauben? Gehört es eher ins Reich der Mythen, oder ist es etwas Konkretes?**

Es heißt, daß dieses Königreich vorerst unsichtbar ist. Es scheint jedoch Reiserouten zu geben, auf denen man dorthin gelangen kann. Diejenigen, die diese Bahn eingeschlagen haben, haben vielleicht den Eindruck, einem Weg zu folgen, der sie zu dem führt, was sie suchen, das heißt zum Königreich Shambhala. Aber vorläufig sieht es nicht so aus, als sollte dieses Reich vor den Augen der Menschen erscheinen.

**Ist dieses Reich eigentlich Teil der menschlichen Welt?**

Ja.

Sind die Bewohner von Shambhala Personen, die sehr große Verdienste gesammelt und die ein reineres Karma haben als wir?

Es handelt sich eher um Wesen, die sich durch ein reines Karma auszeichnen. Bei uns stellt man fest, daß an gewissen Orten der Einfluß des positiven Karma größer ist als in anderen Gegenden. Negative Aktivitäten werden dort offensichtlicher, während an anderen Orten beides noch ziemlich vermischt ist. Aber diese Differenzierung existiert im Königreich Shambhala nicht.

Ist es eine samsārische Welt, die dem Karma unterliegt, oder ist es eine Welt, die zum Nirvāna gehört?

Nein, nein, es ist eine Welt, die zum Universum von Jambuling gehört, also zu unserer Welt. Es handelt sich wirklich um ein Königreich mit einer Dynastie, das heißt um ein Reich, dessen König eines Tages stirbt und auf den dann ein anderer König folgt, und so weiter. Mit Hilfe des Kālachakra-Tantra und der Astrologie kann man die Ereignisse, die sich dort abspielen, genau verfolgen.

Ist Shambhala das Bild einer idealen, einer erleuchteten Gesellschaft, nach der wir streben sollten? Existiert das Reich schon irgendwo und harrt seiner Entdeckung?

Es existiert bereits jetzt. Es heißt, daß später, wenn die Menschheit alle spirituellen Traditionen verloren haben wird, der Königskrieger von Shambhala eingreifen und die Macht übernehmen wird.

Und hat dieses Reich eine geographische Lage? Kann man es genau lokalisieren, wenn man doch sogar von einer Reiseroute spricht, auf der man dorthin gelangen kann?

Im Text steht:»Im Norden gibt es das Königreich Shambhala.« Einige sagen, man müsse in den Vereinigten Staaten suchen. Andere meinen, es sei weiter nördlich und eher ein Raum als ein Land.

Aber wenn dieses Königreich physisch greifbar ist, hätte man es mit den heutigen technischen Mitteln nicht irgendwo finden müssen?

Wenn man Augen hat zu sehen, sieht man es. Aber für die gewöhnlichen Sterblichen ist Shambhala unsichtbar. Trotzdem gibt es Menschen, die dieses Königreich gesehen haben. In Tibet zum Beispiel gibt es Personen, die dort waren, und andere, die mitten hindurch gegangen sind, ohne etwas zu sehen.

Nähern sich uns die Bewohner von Shambhala manchmal ganz direkt, um unter uns zu wandeln oder uns zu helfen?

Wer weiß? Aber wir verfügen über keinerlei Berichte darüber oder über deutliche und gesicherte Spuren ihres Wandels in unserer Welt. Eines aber ist sicher, nämlich daß es heißt, daß später – zu einem bestimmten Zeitpunkt, wo die Welt es wirklich nötig haben wird – die Bewohner von Shambhala sich zeigen werden.

Aber warum bleiben dieses Reich und seine Bewohner unseren Augen vorläufig verborgen? Man stelle sich einmal den Schock vor, vor allem den spirituellen, den ein solches Erscheinen verursachen würde – besonders wenn man weiß, daß viele Menschen jeglicher Spiritualität gegenüber skeptisch bleiben, weil sie konkrete Beweise fordern. Könnte das Erscheinen von Shambhala nicht einen enorm positiven Einfluß auf die Menschheit haben?

Nun, wahrscheinlich ist die Zeit noch nicht reif dafür und unser Sehvermögen noch nicht so weit entwickelt, daß wir Shambhala erblicken können. Auch wenn die Bewohner von Shambhala alle guten Eigenschaften entwickelt haben, braucht es noch Menschen, die das erkennen können. Man kann ja überall feststellen, daß manche Menschen nicht einmal die guten Eigenschaften ihres Nächsten sehen können.

Sie haben schon kurz erwähnt, daß das Königreich zu einem bestimmten Zeitpunkt erscheinen soll, nämlich dann, so heißt es, wenn auf dem Planeten große Konflikte herrschen werden.

Wir leben in einer Epoche, in der es eine große Anzahl von spirituellen Traditionen gibt, eine Epoche, deren positive und negative Aspekte in starkem Kontrast zueinander stehen. Aber es heißt, daß die Zeiten sich in Zukunft ändern und die Fähigkeit und der Wille zum positiven Handeln immer geringer werden. Es wird wie eine Verblendung sein, in der das Positive zum Negativen geworden ist. In diesem Moment wird der König von Shambhala unsere Welt erobern. Wenn man von Eroberung spricht, denkt man an Krieg mit seinen zahllosen Opfern. Das wird jedoch kein Krieg sein, sondern vielmehr ein Sieg im Sinne einer positiven Entfaltung.

Einer spirituellen?

Ja.

Kann man diese Eroberung durch den König von Shambhala zeitlich genau festlegen?

Auf der Grundlage von astrologischen Berechnungen sollte das möglich sein, sofern man weiß, beim wievielten König von Shambhala wir jetzt sind. Aber mehr weiß ich auch nicht.

Stellen diejenigen, die das Kālachakra praktizieren, starke Verbindungen zu diesem Reich her?

Wenn man auf fruchtbare Weise praktiziert, kann man in diesem Königreich wiedergeboren werden, das ist wahr. Selbst wenn man nicht praktiziert, aber eine Einweihung empfängt, wenn man nachdenkt und in diesem Zusammenhang Vertrauen und Freude kultiviert, tritt man in das ein, was das Gefolge des Königs oder des Mandala genannt wird. Diese Könige sind Bodhisattvas, und man kann zum Hofstaat dieser Bodhisattvas gehören, um dort seine eigene Entwicklung bis zur Befreiung fortzusetzen.

Ist das Königreich Shambhala Hüter der reinen Lehre? Ist es auch ein Ort, wo die Dharma-Lehren in ihrer ganzen Reinheit bewahrt werden?

Man kann das so darstellen. Vor allem die tantrische Tradition oder das Kālachakra werden an Orten wie Shambhala bewahrt.

Hat die Machtübernahme des Königreichs von Shambhala eine positivere Phase der Menschheitsentwicklung, eine glücklichere, spirituellere Ära zur Folge?

Ja. Aber wir sollten nicht vergessen, daß auf diese positivere Periode unausweichlich ein Niedergang folgen wird und die Lehren erneut so weitgehend verlorengehen, daß die Tradition unterbrochen wird. Danach wird es so etwas wie ein Zwischenspiel geben, einen sehr langen Zeitraum, wo gar nichts passiert, bevor die Ära des vierten Buddha anbricht. Aber da sprechen wir von Kalpas, wir jonglieren mit Abermillionen von Jahren.

Viele Phantasien ranken sich um untergegangene Zivilisationen wie die von Atlantis. Könnte Shambhala eine Erklärung für solche Mythen sein?

Ich kann nichts über andere mythische Reiche sagen. Aber was das Königreich Shambhala angeht, so ist man doch überzeugt, daß es sich dabei um etwas handelt, das uns Stoff zum Nachdenken liefert. Und es ist etwas, das einer gewissen Wahrheit entspricht, einer Realität, die man aufsuchen kann, wenn man sich dementsprechend schult, und nicht etwa etwas, das »verlorengegangen« ist. Es gibt doch einen kleinen Unterschied zwischen einem Paradies, das früher einmal sichtbar war, aber verlorengegangen ist, und etwas, das vorläufig noch unsichtbar ist, den vorhandenen Erläuterungen und den Erfahrungen einzelner zufolge aber fühlbare Realität werden kann. Es gibt die Beispiele von weisen Indern und Tibetern, die Shambhala besucht haben und zurückgekommen sind. Es handelt sich also um eine Wirklichkeit, die sich manifestieren kann, auch wenn wir noch auf einer Stufe stehen, wo wir sie durch unsere Sinne nicht wahrnehmen können. Eines Tages werden wir vielleicht jemanden treffen, der uns Erklärungen über seine Reise ins Königreich Shambhala geben kann, und vielleicht wird man später erkennen, daß in Shambhala menschliche Wesen existieren.

# SAMSĀRA UND NIRVĀNA

# Das Kuddelmuddel der Liebe

Nächstenliebe und besitzergreifende Leidenschaft •
Beständigkeit von Partnerschaften • Sexualität •
Gleichheit von Mann und Frau •
Sexuelles Fehlverhalten • Sexuelle Energie •
Aids • Intensität der Gefühle

Glauben Sie, daß die Liebe mit ihrer sexuellen Komponente eine der stärksten Emotionen beim Menschen ist?

Tatsächlich gibt es in der Liebe eine Art der Leidenschaft,
die sehr stark sein kann.

Und in der ganzen Palette von Emotionen, die ein
menschliches Wesen empfindet, ist es diese, die man am
stärksten fühlt und die die größten Probleme zu bereiten
scheint.

Ja, vor allem, wenn die Leidenschaft besitzergreifend
wird. Diese Energie heftet sich an Personen, an Situationen, an Dinge und bestimmt vollständig unsere Aktivitä-

ten. Und dadurch kommen andere Gefühle auf: Wut, Eifersucht, Stolz oder Zweifel. Es heißt ja immer, daß die Quelle all der störenden Emotionen das Nichtwissen sei; aber was ihnen Kraft verleiht, ist die Leidenschaft des Besitzenwollens, das Verlangen. Man kann feststellen, daß diese Art von Beziehungen zu anderen, zu sich selbst und sogar zum eigenen Land entstehen kann. Eben weil sich die Liebe in Besitzenwollen verwandelt, entstehen all die Probleme, die man im kleinen bei Paaren und im großen in der ganzen Welt antrifft.

Deshalb ist auch das Bild vom »Reich der Begierde« geeignet, den Existenzbereich der Menschen zu charakterisieren?

Genau. Alle Formen des Besitzenwollens schleichen sich, unter anderem, in die Sinneserfahrungen ein, derer wir uns erfreuen.

Sie leben jetzt schon etliche Jahren in unserem Land. Was stellen Sie in Hinblick auf die Liebesbeziehungen zwischen den Menschen fest?

Was die Liebe, die Freundlichkeit, diese ganze Palette von positiven Emotionen angeht, die man anderen gegenüber hegen kann, so sieht man Beispiele, wo alles gut ist. Aber man hat hier im Westen den Eindruck, daß diese Beziehungen vor allem auf Erwägungen gründen, die einen selbst betreffen und den anderen wirklich sehr wenig. Für gewöhnlich sieht man nicht in erster Linie, was der andere braucht. Man sagt sich: »Wenn ich das und das nicht habe, ist für mich alles verloren, das ist das Ende.« So denkt man oft, und das zieht natürlich einiges an Schwierigkeiten nach sich. Eine solche Liebe gibt extremen Erfahrungen Raum. Sei es, daß das Objekt meiner Liebe anwesend ist und ich mich fast im Zustand der Ekstase befinde, sei es, daß es nicht da ist – und das ist dann wirklich das große schwarze Loch. Es reicht, etwas nachzudenken und ein gutes Gleichgewicht zwischen diesen beiden Extremen zu finden. Wenn man sich immer zuerst darum kümmert, was der andere braucht, kann man dieses Gleichgewicht leichter finden.

Besonders seit einigen Jahrzehnten scheint den Menschen das Zusammenleben immer schwerer zu fallen, vor allem über längere Zeit. Warum? Man liebt sich heftig für einige Monate oder Jahre, und dann, pfff ...!

Man könnte fast sagen, daß es eine Art Ansteckung gibt, die davon ausgeht, daß so etwas heutzutage zu den Sitten und Gebräuchen gehört. Es ist fast Mode geworden. Früher gab es diesen Rundtanz von Heiraten, Zusammenbleiben und Trennung nicht. Heute findet man dafür überall Beispiele. Natürlich gibt es immer bestimmte Gründe. Man kann aus dem einen oder anderen Grunde unglücklich sein. Aber es gibt auch die Tatsache, daß »der Weg frei ist«, weil alle das so machen: Man kann ziemlich leicht zusammenkommen, aber man kann sich auch ebenso leicht verlassen, das gehört zum Lebensstil unserer Generation. Daß man sich daran gewöhnt hat, spielt sicher eine Rolle. Wenn man es mit der Situation vor fünfzig Jahren vergleicht, dann haben wir heute sehr viel weniger Probleme, was die ökonomische Ebene, die primären Bedürfnisse und die Bequemlichkeit angeht. Früher mußte man viel länger arbeiten, während wir heute viel mehr Freizeit haben. Und dann, wenn alles gut geht, wenn man es bequem hat, fangen die Schwierigkeiten an. Wenn man immer zu tun hat, passiert das nicht. Wo es diese Freiheit und diesen Wohlstand gibt, setzen sich langsam alle möglichen Bedürfnisse durch, man will andere Menschen treffen und sucht dies und das. Langeweile oder Wohlstand bringen nicht zwangsläufig das Glück mit sich.

Andererseits ist man in den älteren Generationen vielleicht wegen der Konventionen oder notgedrungen zusammengeblieben, weil zum Beispiel eine Frau materiell ohne Ehemann nicht existieren konnte. Heute hat eine Frau, die von ihrem Ehemann geschlagen wird, die Freiheit, mit ihm zu brechen und zu flüchten.

Das ist auch richtig. Aber was die Instabilität von Partnerschaften angeht, so scheint mir, daß sie damit zu tun hat, daß ein bestimmtes Maß an Wohlstand und Komfort erreicht ist. Man sieht ja, wie viele Häuser zum Verkauf stehen. Die Leute lernen sich kennen, heiraten, bleiben zusammen, investieren in ein Hausprojekt, und in dieser Zeit passiert nichts. Erst wenn das Haus fertig ist, wenn man den gewünschten Komfort erreicht hat, fangen die Probleme an, und man ist gezwungen, das Haus zu verkaufen.

Wir haben schon mehrmals von der dekadenten Epoche gesprochen. Der starke Anstieg der Scheidungen und Trennungen, die Schwierigkeit, ein Zuhause zu schaffen – ist das nicht all das ein weiteres Zeichen der Dekadenz?

Man sieht wirklich, wie immer mehr Elemente diese Tendenz verstärken. Diese Lebensart ruft viele Streitigkeiten und Probleme hervor und vervielfacht so die negativen Gefühle. Das weitet sich wirklich aus.

Was die Sexualität im engeren Sinne angeht, kann man feststellen, daß sie immer mehr zur Schau gestellt wird, ob nun in den Medien oder der Presse, im Kino, im Internet und so weiter. Man macht daraus fast eine »Religion«. Wie interpretieren Sie die Tatsache, daß man den Körper so ausreizt? Wie kann man erklären, daß der Körper immer mehr zur Schau gestellt wird und daß man daraus ein Verkaufsobjekt macht?

Das ist das Gesetz von Angebot und Nachfrage. Wenn die Leute daran Interesse haben und es so wollen, entsteht eine ganze Industrie, und beides verstärkt sich wechselseitig. Aber man kann sich an die Bemerkung des Dalai Lama erinnern, der gesagt hat, daß man hier im Westen enorm in die Sexindustrie und die Sexualität allgemein investiert und dies vielleicht ein gesünderer Zeitvertreib sei, als Krieg zu führen. Das Problem ist, daß sich im Inneren dieser Domäne so viele Kriege abspielen.

Die Arbeit, die von Psychoanalytikern, Psychiatern und Therapeuten aller Schulen seit einigen Jahrzehnten geleistet wurde, scheint zu beweisen, daß seine Sexualität zu entdecken und dazu zu stehen, ein Tabu bricht. Das scheint dem Menschen mehr Freiheit zu geben als in der Vergangenheit, wo er seine Triebe verstecken mußte. Wie denken Sie darüber?

Vielleicht, aber wenn es das ist, was man Befreiung nennt, dann kann man diese Art von Befreiung auch auf anderen Gebieten finden. Mir scheint das Wort ein bißchen hoch gegriffen. Denn was die Beziehungen zwischen Mann und Frau angeht, so fühlt man sehr wohl, daß dort eine Art von Diskretion herrscht, wenn alles gut läuft. Es gibt Dinge, die man nach außen hin zeigt, aber es gibt auch Dinge, die man zu Hause, in der Intimität, lebt. Und man kann sich fragen, ob es gut ist, immer alles zur Schau zu stellen.

Wenn ein Paar sich gut versteht und bei sich zu Hause ein entfesseltes Sexualleben führt, dann ist das nicht notwendigerweise etwas Schlechtes, solange es die Partner befriedigt und keinem anderen Schaden zufügt?

Es gibt keinen Grund, das zu verdammen, ganz im Gegenteil. Gendün Chöpel sagt, daß von dem Augenblick an, wo Leidenschaft zwischen zwei Menschen herrscht und wo sie den Partnern hilft, sich zu entfalten, man ihr folgen soll, auch wenn es dabei keine tugendhaften Aspekte gibt. Da ist nichts Verdammenswertes oder Negatives. Aber diese Worte von Gendün Chöpel sind nicht an mich gerichtet, weil ich Mönch bin; sie gelten auch nicht einem Ehemann, der mit anderen Frauen Beziehungen haben möchte, weil das Probleme heraufbeschwören kann.

Wie sehen Sie die Entwicklung der Stellung der Frau? Sie ist dem Mann in puncto Liebe und Sexualität heute fast gleichgestellt. Sie zeigt ihre eigenen Ansprüche und scheut sich nicht, darüber zu reden. Ist das ein Plus für die Gleichheit der Geschlechter, oder ruft das ein Ungleichgewicht zwischen der Rolle des Mannes und der der Frau hervor?

Allgemein ist die Gleichheit, die so entsteht, eine durch und durch positive Erscheinung; man kann sich darüber freuen. Aber man darf nicht vergessen, daß es Gefahren oder Probleme schaffen kann, wenn man einem bestimmtem Typ von Frau viel Macht gibt; das gilt im übrigen auch für bestimmte Typen von Männern. Man muß die Situation immer gut abschätzen und beobachten, was für Beziehungen entstehen. Stets sollte man sich fragen:»Wenn ich jetzt eingreife oder die und die Entscheidung treffe, laufe ich dann Gefahr, Probleme zu schaffen oder nicht?« Man muß mit allen beteiligten Personen sprechen und bei seinen Entscheidungen wirklich gut aufpassen.

Gibt es für einen praktizierenden Buddhisten, der nicht Mönch oder Lama ist, so etwas wie sexuelles Fehlverhalten?

Im allgemeinen nicht, aber es gibt immerhin einige konkrete Verhaltensregeln. Man muß beispielsweise Inzest vermeiden, keine sexuellen Beziehungen zur Mutter, zu Brüdern und Verwandten bis zum siebenten Grad eingehen. Es gibt auch Vorschriften, was den Ort betrifft. So ist es zum Beispiel verboten, sich in Tempeln oder Klöstern zu lieben. Man muß um jeden Preis vermeiden, die anderen zu stören.

Das geschieht aus Respekt, vermute ich?

Ja. Alles, was keine Schwierigkeiten, Probleme und Streitigkeiten hervorruft, kann als zulässige Aktivität verstanden werden. Wir haben diese Energie in uns, diese Leidenschaft liegt in unserer Mentalität, und insoweit wir diesem Bedürfnis entsprechen, ohne Probleme zu schaffen, gibt es dabei nichts Schlechtes.

Trotzdem heißt es in gewissen älteren Texten, daß auch jene, die keine Mönche oder Nonnen sind, nicht masturbieren und oral oder anal verkehren sollen. Ich frage mich, ob diese Verhaltensregeln zu einem »anderen Zeitalter« gehören, oder ob es dafür bestimmte Gründe gibt, physische oder psychische vielleicht?

Sie können sich sicher vorstellen, daß ich auf diesem Gebiet kein Fachmann bin. Man könnte auch sagen, daß die beste Art, ein Haus zu betreten, der Weg durch die Tür ist und nicht durch das Fenster! Man muß das ein bißchen in diesem Sinn sehen. Was das Masturbieren angeht, so heißt es, daß man dabei seine subtilen Energien verliert und die Folgen zu spüren bekommt.

Ich frage Sie, weil ähnliche Fragen auch Kalu Rinpoche gestellt wurden. Man hat ihn gefragt, ob etwas gegen diese Art von Beziehungen zwischen damit einverstandenen Erwachsenen spricht, und Kalu Rinpoche gab die Antwort:»Nein, das sehe ich eigentlich nicht.«

Man muß das ja auch wirklich nicht verdammen oder sagen, es sei eine»Sünde«, eine Form der Negativität – nein. Obwohl man sich vielleicht fragen sollte, was die Konsequenzen sein könnten. Zum Beispiel verbreiten sich ja wohl gewisse Krankheiten auf diese Weise schneller, oder? Diese Frage kann man sich stellen.

Als Sie vom Energieverlust sprachen, meinten Sie da Energie im physischen Sinn, oder berührt das auch das System der subtilen Energien? Und rät man aus diesen Gründen von gewissen Sexualpraktiken oder Orten ab?

Es ist klar, daß beim sexuellen Akt dem Körper gewisse Substanzen verlorengehen, Sperma zum Beispiel. Dabei handelt es sich um eine wichtige energetische Substanz. Deshalb ist es verständlich, daß Menschen, die sich sehr oft sexuell betätigen, manchmal körperlich und geistig ausgebrannt sind. Sie sind nicht immer glücklich, sie strahlen nicht wirklich Freude aus. Auf körperlicher und auch geistiger Ebene verliert man eher, als daß man gewinnt. Es heißt übrigens in den Texten, daß wir über Rezeptoren der Glückseligkeit verfügen, sogenannte Bindus, was manchmal mit»leuchtende Punkte«übersetzt wird.

Wenn man das Sperma in einem eher abrupten Akt verliert, hat dieser Verlust sehr viel mehr Konsequenzen, als wenn das Sperma den Körper in einer normalen Reaktion verläßt, ohne daß das forciert wurde. Das sind Energien, die im Körper vorhanden sind, und sie wirken sich auf allen Ebenen unseres Seins aus, ob nun physisch oder mental. Wenn man mit diesen Energien nicht gut umzugehen weiß, dann fühlt man sich eher unter dem Druck, einen Partner suchen zu müssen. Wenn man versteht, sie etwas unter Kontrolle zu halten, ist es möglich, diese Energien gut zu nutzen.

Ich habe gelesen, daß der Orgasmus dem Gefühl beim Beginn des Erwachens, der Seligkeit, entspricht. Stimmt das? Und sind die Menschen vielleicht darum so wild danach?

Ja. In den Lehren der Mahāmudrā heißt es, daß der mit Worten nicht faßbare Aspekt der Verwirklichung der Mahāmudrā mit dem ungeheuren Glücksgefühl im Moment des Orgasmus vergleichbar ist. Der kleine Unterschied liegt darin, daß es auf der Stufe der Mahāmudrā eine gewisse Kontinuität in der Erfüllung gibt, während beim Orgasmus schon einen Moment später alles vorbei ist und nur die Erinnerung bleibt!

Ich hätte auch gern Ihre Meinung zu einem Phänomen, das schon in der Vergangenheit existierte, sich heute aber zunehmend bemerkbar macht, sowohl bei Männern als auch bei Frauen: die Homosexualität.

Jeder weiß doch, daß die Frau eine Art »troublemaker« ist, wie es im Englischen heißt! Hätten die Männer also nicht allen Grund, unter sich zu bleiben? ... Und die Frauen auch! Denn man muß auch zugeben, daß mit

Männern schwer auszukommen ist. Es ist also eine Art Befreiung für die Frauen, wenn sie unter sich bleiben, nicht wahr?

Das sollte ja wohl ein Scherz sein – denn bei homosexuellen Männern und Frauen findet man die gleichen Partnerschaftsprobleme wie bei einem heterosexuellen Paar. Das erklärt also nicht grundsätzlich, warum es immer mehr Homosexuelle gibt.

Es gibt keinen Ort, wo die fundamentalen Probleme nicht zutage treten, das stimmt. Die Leute glauben und hoffen, eine neue Art von Beziehung jenseits aller Probleme einzugehen, aber so laufen die Dinge nicht. Man muß auch bedenken, daß der Mensch alle möglichen Gedanken hervorbringen, alle möglichen Handlungen begehen kann. Und abhängig vom Karma, das wir ansammeln, bilden sich alle möglichen Gewohnheiten heraus.

Gibt es denn etwas, das die Homosexualität auf karmischer Ebene erklären könnte? Gibt es eine besondere Verhaltensweise, die bewirkt, daß man sich als Person inkarniert, die eher homosexuelle Neigungen entwickelt?

Man kann sicherlich behaupten, daß man aufgrund des Karma dazu kommt, aber Sie werden von mir nicht hören, daß diese oder jene Handlung diese Tendenz hervorruft oder sie entwickelt. Das hängt sicher nicht allein von Handlungen ab. Das hat auch mit einer gewissen Art zu tun, die Dinge zu sehen und zu reagieren, und mit dem Wunsch, sich auf bestimmte Weise zu verhalten oder ein Verhalten zu imitieren – kurz, mit einer ganzen Reihe von Faktoren.

Wenn man homosexuell ist, sollte man dann diese Tendenz eher bekämpfen? Oder sollte man versuchen, sich zu entfalten, Freude auszustrahlen und Gutes um sich herum zu tun?

Es ist besser, sich zu entfalten, wie Sie sagen.

Stellt es für einen praktizierenden Buddhisten ein Problem dar, homosexuell zu sein?

Was die Praxis des Dharma angeht, gibt es dabei nichts Nachteiliges. Wenn man dagegen Mönch oder Nonne werden will, ist das schon eher schwierig, denn wenn man im klösterlichen Leben eine Frau ist, dann muß man wirklich Frau sein, und wenn man ein Mann ist, muß man wirklich Mann sein. In jedem Fall muß man immer in Übereinstimmung mit dem Gesetz, den Sitten und Gebräuchen des Ortes und der Zeit, in der man lebt, handeln. Teilweise existierte die Disziplin, die für Mönche und Nonnen gilt, schon zu Zeiten des Buddha. Später wurden noch gewisse Dinge hinzugefügt. Was die Disziplin und das Verhalten der Mönche und Nonnen angeht, so hat der Buddha nicht gleich alle Regeln des Vinaya festgesetzt. Der Vinaya als Gesamtwerk ist langsam gewachsen, und man hat ihm nach und nach Ratschläge und Regeln aufgrund von Fällen und Situationen, die aufgetreten sind, hinzugefügt. Er ist etwas organisch Gewachsenes. Es wäre also nicht erstaunlich, wenn man feststellte, daß zu einem bestimmten Zeitpunkt die Disziplin um gewisse Aspekte ergänzt werden muß. So wie unsere Rechtsprechung ja auch der Entwicklung der Gesellschaft entsprechend angepaßt wurde. All die legislative Arbeit, die in den Vereinigten Staaten und den europäischen Ländern hinsichtlich der Rechte der Homosexuellen geleistet wurde, ist ein Beweis dafür.

Wenn ich Sie richtig verstehe, kann man sich vorstellen, daß es eines Tages eine Gemeinschaft von homosexuellen Mönchen geben könnte, sofern sie keine körperlichen Beziehungen untereinander eingehen.

Ja, wer weiß?

Das könnte eine gute Nachricht für manche Leute sein.

Ja, schon. Daraufhin Kurse und Klausuren ausschließlich für Homosexuelle zu organisieren, würde aber meiner Meinung nach bedeuten, aus einem sekundären Aspekt eine absolute Bedingung zu machen, und das steht zu der universellen Dimension der Unterweisungen des Buddha im Widerspruch.

Was Aids angeht, muß man diese Krankheit als Folge einer enormen karmischen Schuld verstehen, die man wegen gewisser begangener Exzesse auf sich geladen hat?

Man kann das so interpretieren. Aids hat aber auch deshalb solche Ausmaße angenommen, weil wir nicht genügend Hilfe angeboten haben. Wir haben es versäumt, den betroffenen Ländern ein Höchstmaß an Hilfe zukommen zu lassen, und als Folge davon hat die Katastrophe sich ausbreiten können. Und wir bleiben weiterhin stur und wollen diesen Ländern nicht helfen. Das kann also nur schlimmer werden.

In den Tantras verwendet man Bilder von der Beziehung zwischen Mann und Frau, um die Entwicklung der Menschheit darzustellen. Zuerst reichte es, Blicke zu tauschen, dann mußte eine Lächeln dazukommen, dann die Berührung mit den Händen und dann die sexuelle Vereinigung. Und jedem Bild entspricht eine Stufe des

Tantra. Ist das nur ein Bild, oder entspricht das wirklich einer gewissen Entwicklung der Menschheit?

Es ist eher die Geschichte des Anwachsens von Verlangen und Leidenschaft. Am Anfang reichte ein Blick, dann bedurfte es der taktilen Empfindung und so weiter. In gewisser Weise ist das die Geschichte der Expansion des Verlangens. Es gibt also einen großen Unterschied zwischen der Situation heute und der von früher.

Heißt das, daß mittlerweile die höheren Stufen des Tantra notwendig sind, weil aufgrund stärkerer Emotionen die Übungen sehr viel wirksamer sein müssen?

Man kann das so erklären.

# Erleuchtung und Verblendung

Dualität • Die Natur des Geistes •
Meister der Verrückten Weisheit • Verwirklichung •
Erleuchtete Wesen

Man stellt Erleuchtung und Verblendung als die beiden
Seiten einer Medaille dar. Chögyam Trungpa spricht von
einem Urgrund und einem fundamentalen Bewußtsein,
aus dem die Energien aufsteigen, die Funken der Verblendung und der Weisheit. Er ist einer der wenigen Meister, die diese Frage in Begriffen, die für die westliche
Mentalität faßbar sind, gründlich behandelt hat. Finden
Sie das Bild von der Medaille zutreffend?

Wie Trungpa Rinpoche schon sagt, der Geist als solcher
ist eine neutrale Wesenheit. Erst von dem Moment an, wo
er als dualistisches Bewußtsein funktioniert, kann sich die
Verblendung manifestieren. In dem Maß, wie man in die
Irre geht, entwickelt man sich in die Richtung jenes fundamentalen Nichtwissens oder der Verblendung. Man
kann also sagen, daß Wissen und Nichtwissen im Geist

auftreten. Es gibt nicht einen Geist, der nichtwissend, und einen anderen, der wissend wäre. Wissen oder Nichtwissen also, dualistisches oder transzendentes Bewußtsein, Weisheit, Mängel und Qualitäten – all das vollzieht sich in *einem* Geist.

Wir sind also alle dazu verdammt, durch Samsāra zu gehen, aufgrund der negativen und positiven Potentiale, die in diesem Urbewußtsein ruhen. Ist das wirklich unausweichlich?

So ist es. Aber die Texte erwähnen gewisse erleuchtete Wesen, die von Anfang an in der Nichtverblendung bleiben, seit anfangloser Zeit. Es sind Wesen, die nicht in der Illusion existieren.

Und wer sind diese Wesen?

Samantabhadra zum Beispiel. Dieser Aspekt wird im tibetischen Kuntuzangpo genannt. Im Text heißt es: »Kuntuzangpo, erleuchtet seit anfangloser Zeit.«

Er ist also niemals in der Verblendung herumgewirbelt worden?

Nein.

Ist er der einzige?

Nein, es gibt auch andere.

Aber die überwältigende Mehrheit der Wesen muß unglücklicherweise die Dualität durchlaufen.

Ja. Diese Verblendung, diese Zweifel, das Zögern sind Teil unserer Erfahrungen. Ich gebe Ihnen ein Bild: Wir sind dabei zu tanzen, und dann, an einem bestimmtem Punkt, fragen wir uns, ob wir denn gut oder schlecht tanzen ... und sofort schleichen sich alle möglichen Gedanken ein.

**Letztendlich wird es also immer Samsāra geben?**

Ja.

**Und es wird immer mehr Wesen in der Verblendung als erleuchtete Wesen geben?**

Da kommt es eben darauf an, nach welcher Seite sich die Dinge neigen. Die Wesen, die die Befreiung erlangt haben, sind zahllos, aber die anderen auch ...

**Was bedeuten die Ausdrücke »anfanglose Zeit« und »endlose Zeit«, die im Buddhismus oft gebraucht werden?**

Das dürfte in der Tat ungewohnt für Sie sein. Sie im Westen benutzen lieber die lineare Zeit mit einem Anfang und einem Ende. Wenn ich es richtig verstanden habe, sähen Sie sogar am liebsten einen Urmotor als Ursprung der Erde und des Universums! Steckt nicht hinter der Angewohnheit, sich an die Vorstellung von einer ersten Ursache zu klammern, die Angst vor dem Unendlichen?

Dagegen ist für den Buddhismus die Vorstellung von einem Aufseher, einem Dirigenten des Orchesters, etwas, das sehr seltsam erscheint. Wenn der Buddha auf Fragen nach der Existenz eines Schöpfergottes oder dem Ursprung des Universums nicht hat antworten wollen, dann darum, weil all das »unbegreiflich« ist, das heißt, in der Logik unserer Sprache und unserer Begriffe nicht zu fassen ist. Darum ist es also unnütz, sich mit solchen Fragen aufzuhalten.

Das sollte die Wissenschaften nicht hindern, in ihren Bemühungen fortzufahren, alle Bedingungen und Ursachen, alle Wechselwirkungen zu definieren, die zu dem gehören, was man die Geschichte der Materie und des Lebens nennen könnte. Dabei sollte man jedoch nicht vergessen, daß jeder Anfang, den man definiert, nur vorläufig das letzte Wort ist, das Resultat dessen, was wir bisher wissen.

Ich stelle übrigens fest, daß die Buddhisten eine Sprache haben, die eure Wissenschaftler zu benutzen beginnen. Einigen ihrer schönen Behauptungen, die mir untergekommen sind, kann ich nur voll und ganz beipflichten. Zum Beispiel:

»Die Erschaffung des Universums ist vor allem eine Schöpfung von Möglichkeiten, von denen sich einige realisiert haben, und andere nicht.« (Prigogine)

»Die Wirklichkeit ist nur ein besonderer Fall des Möglichen.« (Bergson)

»Am Anfang gab es eine Ursuppe, eine instabile Quantenleere, voll von virtuellen Partikeln, eingefaltet in einen nicht meßbaren ›Raum‹, und eine Zeit, der die Unterscheidung zwischen Vergangenheit, Gegenwart und Zukunft fremd ist.« (Alain Houziaux)

Vergleichen wir diesen Satz mit den Worten meines Meisters Kalu Rinpoche:

»Die Welt der Erscheinungen beginnt damit, daß ein heftiger Sturm aufkommt, der eine Ansammlung von dichten Wolken nach sich zieht, aus denen sintflutlicher Regen fällt. Der Wind, mit dem Element Feuer vermischt, erwärmt sich und rührt die Wogen des urzeitlichen Ozeans auf. Durch diesen dem Buttern ähnlichen Vorgang entsteht der feste Grund der Welt. Die erste kostbare Materie gleicht der Butter, die aus dieser Ursahne entsteht.«

Der Fehler, der meiner bescheidenen Meinung nach im Westen oft begangen wird, liegt darin, daß man Anfang und Ursprung verwechselt. Die Beschreibung des ersteren findet in einer richtigen Theorie des letzteren keine Entsprechung. Bei Ihnen wird das Ende der Zeiten oder der Welt das »Jüngste Gericht« genannt. Wir können beide Ausdrücke nebeneinander benutzen, den von der anfanglosen Zeit und den vom Ende der Zeit. Einerseits hat Samsāra für die Wesen, die in diesem Circulus vitiosus gefangen sind, kein Ende. Andererseits endet Samsāra, wenn keine Ursachen mehr gesetzt werden, wenn das Karma aufhört, oder in anderen Worten: Wenn man die Befreiung erreicht hat, dann hat Samsāra ein Ende.

Wenn ich höre, wie einige eurer Spezialisten beginnen, von der Erscheinungswelt oder vom Ich zu sprechen, wächst in mir die Hoffnung, daß wir uns eines Tages verstehen können. Schon vor einigen Jahrzehnten hat der berühmte Kybernetiker Norbert Wiener gesagt: »Wir sind nur Strudel in einem Fluß, der endlos fließt. Wir sind keine Substanz, die bleibt, sondern Spuren, die sich endlos fortsetzen.«

Genau darum sind Aufbau und Inhalt der Lehren des Buddha es wert, studiert und angewandt zu werden.

Wenn man zum Beispiel ein Gebet der Darbringung spricht, bringt man das aus der eigenen Praxis gewonnene Verdienst dem Wohle aller Wesen dar, damit sie eines Tages zur Befreiung gelangen. Das ist ein sehr kraftvolles Gelübde, aber es hat auch etwas Illusionäres.

Auch, wenn nicht alle dahin gelangen, können wir dadurch die Kraft unseres Geistes stärken. Und es kommt auf die geistige Kraft der Menschen an. Wie es in den Texten heißt, ist das in etwa so, wie in den Krieg zu ziehen. Manche fallen in Ohnmacht, wenn sie bei anderen ein paar Blutstropfen sehen. Andere dagegen, die ihr eigenes Blut und die Wunden sehen, ziehen daraus noch mehr Kraft, um weiter zu kämpfen. Das mag illustrieren, was Mut und Geisteskraft sind.

Die Schriften sprechen von einem stufenweisen Erwachen, aber auch von plötzlicher Erleuchtung. Kann man, wenn man eben noch in der Dualität herumgeirrt ist, plötzlich zum Erwachen kommen?

Ja, wenn man bedenkt, daß die Verwirklichung ein Ereignis ist, das sich plötzlich und unmittelbar einstellt, daß das Ereignis selbst aber das Ergebnis des Weges ist, den man gegangen ist.

Im Buddhismus gibt es jede Menge Anekdoten darüber, wie der Lama seinen Schüler in die Natur des Geistes einführt. Kann er ihn in etwas hineinschleudern, das dem Erwachen nahekommt?

Alles hängt vom Moment der Begegnung ab. In dem Maße, in dem jemand vollkommen erfaßt, was übertragen wird, und im Zustand des Gewahrseins und der Verwirklichung dessen, was gerade übertragen wurde, verbleiben kann, kann sich tatsächlich eine Art Erwachen vollziehen. Manchmal gelingt es dem Individuum jedoch nicht, das, was übertragen wird, in seiner Vollständigkeit zu begreifen, oder es ist nicht fähig, im Zustand der Einsicht zu bleiben. Es werden Fälle erwähnt, wo gewisse spirituelle Lehrer den Schüler mit ihrer Sandale geschlagen haben. Der wurde dann ohnmächtig, kam wieder zu sich und erkannte in dem Augenblick sehr tiefe Wahrheiten. Aber das als Methode zu präsentieren, die man befolgen sollte, wäre ein bißchen problematisch. Denn wenn der Lama die Sandale nimmt, tut er es in dem Wissen, daß es genau diese Handlung ist, durch die der Schüler auf diese Stufe gelangen kann.

In der Biographie von Drugpa Künleg gibt es viele Beispiele dieser Art, und das sind manchmal nicht gerade orthodoxe, ja sogar skandalöse Methoden in den Augen gewöhnlicher Sterblicher. Aber diese Lehrmethoden scheinen heutzutage sehr viel weniger gebräuchlich zu sein.

Das kommt darauf an, und natürlich gibt es auch Gründe dafür. Zunächst einmal dürfte es schwierig sein, in unserer Zeit Lamas wie Drugpa Künleg zu finden und ebenso Schüler, die eine geistige Verbindung zu solchen Meistern haben. Manchmal begeben sich die Leute auch auf die Suche nach jemandem, der viele Qualitäten hat, machen sich eine bestimmte Vorstellung und suchen nach Weisheit, wo es sie überhaupt nicht gibt. Wir haben vorgefaßte Meinungen. Jemand, der Alkohol trinkt, kann in unseren Augen niemand sein, der über große Qualitäten verfügt. Aber jemand, der auf Alkohol verzichtet und Vegetarier ist, der muß lauter gute Eigenschaften haben. Wir haben gewisse Vorstellungen, die uns an unserer Weiterentwicklung hindern. Drugpa Künleg ist ein Beispiel für die Verrückte Weisheit, für einen spirituellen Lehrer, der manchmal Dinge tut, die schwer zu verstehen sind. Drugpa Künleg hatte einen Bruder, der ein großer Lama und ein großer Lehrer im traditionellen Sinne des Begriffs war, und der dachte, daß sein Yogi-Bruder sonstwas mache, aber nicht den Dharma praktiziere. Er machte sich Sorgen um ihn. Drugpa Künleg ging es umgekehrt ebenso mit seinem Bruder; er meinte, daß diese protzige Art, auf einem hohen Thron zu sitzen, geschmacklos sei. Eines Tages trafen sich die beiden. Drugpa Künleg schoß einen Pfeil ab, der in einem Sonnenstrahl steckenblieb.

Sein Bruder nahm seinen Sän* und hängte ihn an dem Pfeil auf. Alle beide erkannten sich jetzt gegenseitig als Wesen von großen Qualitäten, und sie waren darüber sehr glücklich.

Ich glaube, es war Marpa, der zu Milarepa sagte, daß diese Art der Unterweisung, die manchmal etwas aus dem Rahmen fiel, allmählich verschwinden würde.

Ja.

Es heißt auch, daß man die spirituelle Reise machen müsse, aber wenn man erst einmal ans Ziel gelangt sei, sich beim Erwachen darüber klar werde, daß die Reise vollkommen nutzlos war. Denken Sie auch so?

Das stimmt! Warum? Weil wir folgendermaßen funktionieren: Wir klammern uns an das, was wir für gut, für positiv halten. Andere Aspekte betrachten wir als einen Teil des Bösen, das vermieden werden muß. Dabei sind die Erscheinungen doch alle von der gleichen Natur. Das ist in etwa so wie in den Städten. Man vergißt, daß die Abwässer in einen Kreislauf münden, der schließlich wieder in Trinkwasser aus dem Hahn endet.

Wenn man beginnt, kurze Einblicke in die reine Wirklichkeit zu gewinnen, muß das große Freude hervorrufen, aber auch große Traurigkeit, weil man feststellt, wieviel Zeit man damit verloren hat, die Wirklichkeit falsch zu verstehen, nicht wahr?

Die erste Stufe der Verwirklichung wird »die vollkommene Freude« genannt. Die erste Erfahrung ist die einer

---

* Ein Teil der tibetischen Mönchsrobe. (Anm. d. Red.)

sehr tiefen Freude. Darauf folgen andere Stufen der Einsicht. Wie Sie gesagt haben, kann man Bedauern empfinden, wenn man feststellt, daß man die ganze Zeit in Verblendung befangen war, sich in alle möglichen Illusionen verloren hat. Man kann aber auch darüber lächeln, man kann glücklich sein und sagen: »Verflixt noch mal, aber es war immerhin interessant! Da mußte ich wohl durch.« Und dann sieht man die anderen, die weiterhin in der Welt der Verblendung umherirren, und entwickelt ein grenzenloses Erbarmen. Das kann unserem Geist noch viel mehr Kraft geben.

**Wie sieht die Welt aus, wenn man erst einmal die Leere erkannt oder annähernd erkannt hat?**

Nichts ändert sich, alles bleibt. Die Phänomene sind da, so wie sie sind. Man darf also nicht denken, ein befreites Wesen sähe eine andere Realität als ein normaler Mensch. Alles ist noch da, aber das Erleben ist ein anderes. Ein gewöhnliches Lebewesen wird in seiner Beziehung zur Realität durch Gefühle der Abneigung oder der Anziehung beeinflußt, für ein befreites Wesen ist das nicht mehr der Fall. Die Unterschiede im Erleben der gleichen Situation haben eine enorme Bandbreite, je nachdem, von welcher Sichtweise der Wirklichkeit das jeweilige Individuum geprägt ist.

**Wenn man erwacht ist, oder doch fast, verändern sich dann die Sinneswahrnehmungen?**

Nein. Aber die Interpretation der Sinneserfahrungen wird eine andere. Man tritt dann in den Bereich des Körpers, der Rede und des Geistes des Buddha, also eines erwachten Wesens, ein. Der besitzt ganz eigene Merkmale.

Mir scheint, daß es in gewissen fortgeschrittenen Praktiken immerhin Übungen zur Stellung der Augen und ähnliches gibt, wodurch es möglich wird, die Realität etwas richtiger wahrzunehmen. Wie steht es damit?

Wenn man sagt, daß Körper und Geist in Wechselwirkung stehen, dann ist klar, daß die Art und Weise, in der man den physischen Träger benutzt, die Wahrnehmung beeinflussen kann. Und man kann sich vorstellen, daß die verschiedenen Arten der Blickrichtung, der Körperhaltung und der Atmung im Geist unterschiedliche Wahrnehmungsweisen hervorrufen. Warum wird das nicht etwas häufiger gelehrt? Für uns aus dem Westen ist das Konzept der Leere besonders schwer zu begreifen. Warum gibt es nicht praktische Ratschläge auf der Ebene der Aufmerksamkeit und der Wahrnehmung, die uns helfen, uns der Einsicht in die Leere zu nähern?

Darum geht es immerhin, neben anderem, bei den Shine-Übungen. Es werden Anweisungen zur Körperhaltung und zur Atmung für die Übung der Meditation gegeben.

---

### DIE VAIROCHANA-HALTUNG

Die Sieben-Punkte-Meditationshaltung von Vairochana:
- Sitzen in der Lotoshaltung;
- die Hände bilden die Mudrā der Meditation;
- der Rücken ist gerade aufgerichtet;
- die Schultern sind leicht zurückgezogen;
- das Kinn ist zurückgenommen und leicht nach unten geneigt;
- der Blick ist auf einen Punkt etwas vor der Nasenspitze gerichtet;
- die Zunge liegt entspannt am Gaumen an.

---

Aber ich wollte von einer Erweiterung der Wahrnehmung
im täglichen Leben sprechen, wenn man läuft und
spricht und nicht ausdrücklich eine Meditationsübung
macht. Warum vermittelt man nicht ein paar kleine
Tricks, mit denen man sich der Sicht der Leere nähern
kann?

Es gibt Empfehlungen in dieser Richtung, die man auch in
einigen Übungen finden kann, in den Lojong-Übungen
zum Beispiel. Und auch, wenn es heißt, daß man zum Beispiel seinen Körper als die sublime Form von Chenresi
betrachtet. Man kann seinen Körper als Einheit der Manifestation und der Leere betrachten, den Ton als Einheit von
Ton und Leere, und so weiter. Konkret heißt das: Wenn im
Straßenverkehr jemand hinter uns hupt und wir in diesen
Übungen erfahren sind, sind wir in der Lage, auf die Situation anders zu reagieren, als sofort in Wut zu geraten!

Um bei Fragen zu bleiben, die fast identisch sind: Wenn
man Erleuchtung erlangt oder auf den letzten Bodhi-
sattva-Ebenen steht, soll der Geist ohne Projektionen
sein. Wie bewegt man sich dann inmitten der Dinge, zwischen den Wesen, wie kommen die Dinge auf einen zu,
und wie empfindet man sie in diesem Moment?

Alles bleibt unverändert, auch auf der Ebene der Sinneswahrnehmungen. Alle Funktionen bleiben erhalten, ohne

Veränderungen. Der einzige Unterschied besteht darin, daß diese Empfindungen keine Erfahrungen mehr auslösen, die zu den zweifachen Regungen der Anziehung und Ablehnung gehören. Es gibt keine störenden Emotionen mehr und auch keine Illusionen. Die Organe reinigen sich gewissermaßen. Es entwickeln sich einige Eigenschaften in bezug auf den Geist, die Rede und den physischen Aspekt. Eine der Eigenschaften der Rede eines Buddha besteht darin, daß jeder ihn in seiner eigenen Sprache hört. Man könnte noch die Fähigkeit nennen, Geräusche aus großer Entfernung zu hören. All das manifestiert sich in einem Geist, der vollkommen in sich ruht. Man nimmt besser wahr, das Auffassungsvermögen wird subtiler. Man kann es mit dem Abend vergleichen, wo man oft Geräusche wahrnimmt, die man mittags nicht gehört hat, obwohl sie da waren.

Es heißt auch, wenn man die Erleuchtung erlangt, dann geht man nicht in einer gleichförmigen Masse auf, man verschmilzt nicht mit dem Universum oder mit anderen Wesen. Aber hat man noch das Gefühl von etwas Persönlichem, gibt es noch die Vorstellung der Individualität, von einer Person, die sich deutlich von anderen unterscheidet?

In Wirklichkeit bleiben alle Phänomene bestehen, auch Erscheinungen wie Geburt, Alter, Tod und so weiter. Man kennt also die Leiden, die mit dem Altern verbunden sind, und die Probleme, die durch Krankheiten verursacht werden. Den Zustand des völligen Erwachens zu erreichen bedeutet nicht, daß man in einen Zustand eintaucht, in dem nichts mehr vorhanden ist. Man wird dort, wo man sich befindet, noch dynamischer und aktiver infolge der entwickelten Weisheit und des Erbarmens, und die bilden die treibende Kraft, die zur Erleuchtung führt.

Wenn man die inkarnierten großen spirituellen Meister sieht wie zum Beispiel den Karmapa, von denen es heißt, sie seien vollkommen erwacht, fragt man sich, warum sie denn von klein auf von spirituellen Lehrern umgeben sein müssen, Unterweisungen empfangen und üben, wenn sie doch als erwacht angesehen werden?

Wenn man der Logik folgt, kann man sich das tatsächlich fragen. Die Tulkus, die großen tibetischen Lamas, müßten all das schon wissen, was man sie erneut lehrt. Aber manchmal stellt man genau das Gegenteil fest. Es handelt sich manchmal um Kinder, die schwieriger sind als andere, selbst wenn sie die besten Lehrer und die beste Umgebung haben. Das »klappt« nicht so leicht, wie man denken könnte, obwohl sie nicht arbeiten müssen und sich nur dem Studium widmen, es also ganz einfach sein müßte. Man muß sich auch daran erinnern, daß die Bodhisattvas, wenn sie zurückkommen, das nicht unbedingt tun, um als solche erkannt zu werden, sondern um das Leben der Lebewesen zu leben: geboren werden wie sie, sich entwickeln, erwachsen werden und sterben wie sie.

Ich erlaube mir eine kleine persönliche Bemerkung. Wenn ein tibetischer Lama, der sein Leben mit Praktizieren, dem Rezitieren von Texten und alledem verbringt, sich in einem nächsten Leben als Tulku manifestiert, dann ist es nicht das wichtigste, daß er diese oder jene Trinkschale wählt.* Wichtig ist vor allem, daß er sich als jemand erweist, der den Dharma darzulegen vermag, der

---

* Bei einem Test, mit dem die »Echtheit« eines reinkarnierten Lamas erwiesen werden soll, indem man dem Kind verschiedene Gebrauchsgegenstände der früheren Inkarnation zusammen mit ähnlichen Gegenständen vorlegt. Wählt das Kind zum Beispiel aus einer Reihe von ähnlichen Trinkschalen diejenige aus, die dem Lama gehörte, dessen Inkarnation es sein soll, dann gilt das als Beweis dafür, daß es tatsächlich dessen Reinkarnation ist. (Anm. d. Red.)

rezitiert und die Praxis demonstrieren kann – nicht so sehr, daß er ein Wunderkind ist, welches die richtigen Objekte auszuwählen vermag. Es gibt eine kleine Anekdote, in der berichtet wird, wie jemand den Buddha um die Erklärung eines Phänomens bittet. Es handelte sich um ein kleines Kind, das einen Sūtra-Text zu rezitieren vermochte, aber nur zur Hälfte. Der Buddha antwortete, dieses Kind sei in einem früheren Leben eine Taube gewesen, die sich oft in einer Grotte aufhielt, wo ein Mönch meditierte. Die Taube hatte viele Male den Text gehört, den der Mönch rezitierte, flog aber jedesmal davon, wenn der Mönch in der Mitte angekommen war. Man kann daraus also den Schluß ziehen, daß auch menschliche Wesen fähig sein müßten, den Dharma, den sie praktiziert haben, zu demonstrieren, wenn schon ein Vogel so etwas konnte. Außerdem ist die Weisheit menschlicher Wesen groß. Die Tiere haben keinen Zugang dazu. Nur kann das, was in der Welt der Tiere passiert, manchmal auch die menschliche Gattung inspirieren.

Wenn man Wesen sieht, von denen es heißt, sie seien vollkommen erwacht – wie der Karmapa oder der Dalai Lama –, und sieht, wie sie praktizieren, Unterweisungen empfangen und so weiter, dann kann man dieses Verhalten also als ein Mittel der Unterweisung für andere betrachten?

Ja, ja, man kann das so formulieren.

Wenn man das Beispiel von Padmasambhava nimmt, so war er bereits vollkommen erwacht, als er auf einer Lotosblüte in einem See geboren wurde; er hatte es also nicht nötig, Unterweisungen zu empfangen.

Ja, aber man sieht ja auch, was dann geschah. Er war ein

erleuchtetes Wesen, aber die Leute schafften es nicht, zu begreifen und Vertrauen zu ihm zu haben. Als er das sah, entschloß er sich, sich einem Lehrer unterzuordnen, Unterweisungen zu empfangen und so weiter.

Dann ist das alles ein bißchen »für die Galerie«, wenn ich so sagen darf?

Für unsere Galerie, nicht für die ihre.

# SCHLUSSFOLGERUNGEN FÜR DIE PRAXIS DES BUDDHISMUS IM WESTEN

Die Tibeter • Der Meister • Die Gemeinschaft •
Wie soll man seinen Lehrer wählen?

## Die Ankunft des Buddhismus im Westen

Der Weltkongreß der Religionen, der 1893 in Chicago stattfand, weckte im Westen zum ersten Mal ein Interesse am Buddhismus, und im Laufe der ersten Hälfte des zwanzigsten Jahrhunderts waren es hier vor allem Akademikerkreise, die großes Interesse für diese religiöse Tradition zeigten. Die Wissenschaftler schätzten den Buddhismus, weil er die auf Empirie basierende kritische Analyse als Kriterium für gültige Erkenntnisse benutzt, und vor allem, weil seine Ansichten über die Funktionsweise des Geistes und die im Buddhismus gesammelten Erfahrungen in Hinsicht auf die Beziehungen von Körper und Geist für Wissenschaften wie die Physik, die Medizin, die Neurobiologie und so weiter interessante Informationen enthalten.

Später wandten sich viele Menschen, die nach spirituellen Wegen suchten, Religion und Philosophie wieder in das tägliche Leben zu integrieren, dem Buddhismus zu: In der Meditation entdeckte man den »Königsweg« zur Selbsterkenntnis und zum Aufbau einer friedlichen Gesellschaft.

Bewegungen, die in der Politik, der Ethik und in den Beziehungen zur Natur und zum Nächsten eine Rückkehr zu den Quellen beschworen und nach dem Weltfrieden strebten, erkannten die einigende Kraft des Buddhismus. All das führte zu einer offiziellen Anerkennung des Buddhismus in einer Reihe von westlichen Ländern. Das Interesse für den Buddhismus, sogar für seine Praxis, wuchs in breiten Kreisen.

Große Meister (Ajahn Chah, Hsuan Hua, Chögyam Trungpa und andere) gewannen mit ihrer Lehrtätigkeit große Ausstrahlungskraft. Der tibetische Meister Kalu Rinpoche, einer der bedeutendsten spirituellen Meister unserer Zeit, hat in den siebziger und achtziger Jahren Hunderte von Zentren in Europa und Amerika gegründet.

In einigen dieser Zentren lehren östliche Lehrer, in anderen erteilen westliche Lehrer Unterweisungen. Manche Institute arbeiten autonom, andere haben sich in internationalen Organisationen zusammengeschlossen wie der Association Zen Internationale, der International Association of Bure, Vajradhatu oder der Foundation for the Preservation of the Mahāyāna Tradition.

Der Aufschwung des Buddhismus im Westen ist bisher noch nicht Gegenstand verläßlicher und umfassender Statistiken und genauer Erhebungen geworden. Wenn man aber weiß, daß allein, was die tibetische Tradition betrifft, fast 600 bedeutende kulturelle Zentren überall auf der Welt gegründet worden sind, versteht man, daß die Breite dieser Bewegung nicht unterschätzt werden sollte.

Ich würde gern auf das Thema der Beziehung zwischen Meister und Schüler kommen. Die erste Frage, auf die Sie schon teilweise geantwortet haben, lautet: Was denken Sie über die Beziehung zwischen Meister und Schüler, nachdem Sie jahrelang in Frankreich und Belgien, im Westen also, gelebt haben?

Wenn die Menschen hier im Westen von den »Tibetern« sprechen oder in Kontakt mit Tibetern kommen, dann stellen sie sich immer eine Persönlichkeit von großer Güte, eine Lichtgestalt vor – jemanden, der nur meditiert und keine Emotionen mehr hat. Und wenn es zum Beispiel um einen Lama geht, dann denkt man, er habe keine Fehler mehr, sei voller guter Eigenschaften und all das. Diese Art, die Wirklichkeit zu sehen, ist nicht richtig; natürlich gibt es unter den Tibetern sehr viele, die gute Eigenschaften haben, aber es gibt auch andere, und wirklich üble Burschen gibt es auch. Es gab auch vor 1959 Gefängnisse in Tibet, und die waren für die »Bösen« da, wie man sagen könnte, nicht für die Chinesen oder die Inder, sondern sehr wohl für die Tibeter. Bei den spirituellen Lehrern ist es das gleiche. Manche haben Charaktermängel oder nicht allzuviele gute Eigenschaften, das gibt es auch. Man muß sich als erstes klar darüber sein, daß man auch mit solchen Dingen rechnen muß. Glücklicherweise sind jene zahlreich, auf die man stolz sein kann; weniger zahlreich sind die anderen, aber man muß wissen, daß es sie gibt.

Wenn Menschen im Westen Kontakt mit Tibetern suchen, dann tun es einige, weil sie sich für den Dharma interessieren, andere einfach nur so, zum Beispiel weil sie irgendwo ein Foto des spirituellen Meisters gesehen haben. Manche denken auch, daß diese armen Tibeter doch ziemliches Pech haben, und sie tun es fast aus Mitleid. Dazu muß man sagen: Wenn eine Gemütsregung die Basis des Kontaktes ist, dann haben diese Personen anschließend meist Probleme.

Wenn wir Tibeter jemanden treffen, wenn wir zusammen sind, entwickelt man sich zum Besseren, und die Beziehung vertieft sich Jahr um Jahr. Hier im Westen erlebt man, daß die Menschen einige Tage ganz gut zusammensein können, aber Menschen, die es schaffen, lange Jahre zusammenzubleiben, sind wirklich selten. Ich habe sogar gehört, daß Menschen, die hier im Westen zusammenleben, sich jeden Tag sagen: »Ich liebe dich« – als ob man das wirklich jeden Tag hören müßte. Wir Tibeter sagen nicht dauernd »Ich liebe dich«. Wenn man sich mag, heiratet man und lebt zusammen – natürlich ist das der Grund, aus dem man zusammenlebt. Man hat es dann aber nicht mehr nötig, den ganzen Tag lang und auch nicht wenigstens einmal täglich »Ich liebe dich« zu wiederholen.

Dann gibt es einen Unterschied, was die Praxis des Dharma angeht. Hier im Westen tut man so, als sei der Dharma so etwas wie ein Lehrplan. Natürlich kann man nach neun Jahren einiges erreicht haben, auch schon nach Ablauf von zwei, drei Jahren, aber man darf nicht vergessen, daß die Praxis des Dharma nie aufhört und daß man damit fortfährt bis zu dem Augenblick, wo man den Zustand des völligen Erwachtseins verwirklicht hat. Im Westen hat man oft den Eindruck, daß manche sich ziemlich schnell als Profis auf diesem Gebiet betrachten und sich auch so darstellen, als hätten sie schon das Ganze gemeistert, so, als gäbe es da irgendwo einen Endpunkt.

Darum heißt es in den Texten: Wenn man den Dharma in Hinblick auf ein späteres Leben praktiziert, hat man sehr viel mehr Chancen, auf eine reine Weise zu handeln; wenn man den Dharma aber einzig für dieses Leben hier praktiziert, kommen viel mehr Gefahren auf einen zu.

Der Dalai Lama empfiehlt, viele Jahre zu warten, bevor man seinen Meister wählt. Er spricht manchmal von zwölf Jahren. Ist das nicht ein bißchen übertrieben? Als anderes Extrem sieht man Leute, die, wie Sie gerade sagten, ihren Meister sehr, sehr schnell wählen, und auch Meister, die ihre Schüler sehr, sehr schnell wählen. Muß man nicht einen Mittelweg zwischen beidem finden?

Als erstes muß man wissen, daß nicht von einem einzigen spirituellen Lehrer die Rede ist; man kann mehrere haben. In Tibet zum Beispiel ist es üblich, viele Lehrer zu haben. Wenn der Dalai Lama von zwölf Jahren spricht, dann ist das vielleicht ein Beispiel für eine Analyse, die bis auf den Grund geht, ein Maximum; aber man kann, wie Sie sagten, vielleicht wirklich weniger Zeit brauchen. Alles ist relativ, in dem Sinn, daß man deutlich in sich diese Überzeugung spüren kann:»Ja, jetzt bin ich sicher, für mich ist das ganz klar«, und den Schritt dann im gegebenen Moment tut.

Wenn man auf dieser Ebene nicht eine gewisse Sicherheit erlangt, dann können auch zwölf Jahre zu wenig sein, so daß man eben noch mehr Zeit braucht, um zu dieser Sicherheit zu gelangen. Seinen spirituellen Lehrer prüfen ist eine Sache. Man muß sich aber gleichermaßen auch die Frage stellen:»Und wo stehe ich?«

Ich denke an die Geschichte, in der sich ein Schüler an den Meister wendet:»Ich habe Sie zwölf Jahre lang kritisch beobachtet, und jetzt bin ich mir sicher. Wollen Sie mein spiritueller Lehrer werden?« Und der Lama antwortete:»Ja... aber erst werde ich Sie meinerseits zwölf Jahre lang prüfen!« Und es scheint, daß er nach dieser Prüfung keine Unterweisungen empfangen hat.

Wenn man also einen Kontakt mit dem Lehrer herstellt, ist es gut, wenn das auf korrekte und integere Weise geschieht, ohne Hintergedanken wie:»Wenn ich dies oder jenes mache, wird mein spiritueller Lehrer nicht einverstanden sein, oder er wird mich nicht mehr mögen.« So etwas gehört nicht zur Sache. Auch wenn man Buddhist ist, kann man zum Beispiel das Christentum praktizieren, wenn man will. Warum sollte es ein Problem sein, neben einem spirituellen Lehrer noch einen anderen zu wählen? Ebenso hört man manchmal, daß ein Christ, auch wenn er weiterhin seinem Weg folgt, doch Beziehungen zum Buddhismus aufbauen kann.

Im Rahmen des Buddhismus haben gewisse Lamas manchmal hunderte von Meistern. Aber wie kann jemand, der relativ neu dabei ist, damit zurechtkommen, mehrere Lehrer zu haben, manchmal sogar aus verschiedenen Traditionen, und mehrere unterschiedliche Praktiken auszuüben, ohne durcheinander zu geraten, zu viele Dinge auf einmal zu machen und in allzu verschiedene Richtungen zu gehen? Diese Schwierigkeit gibt es ja auch.

Genau das tun manche. Aus diesem Grunde ist es wahrscheinlich besser, dort mit dem Praktizieren zu beginnen, wo man ist, und eine gute, stabile Praxis zu entwickeln. Auf dieser Basis kann man dann woanders nach Kontakten suchen. Andernfalls läuft man am Anfang Gefahr, sich in zu viele Dinge zu verlieren. Wenn die Basis stabil ist, neigt man hinterher nicht dazu, zu sagen »das ist gut«, »das ist schlecht«, und sich in allen möglichen Beurteilungen zu ergehen.

Zunächst einmal ist es also wichtig, gründlich zu lernen, statt in verschiedene Richtungen zu laufen. Und dann sagt ja auch niemand, daß man unbedingt woanders hingehen muß. Die, die den Wunsch haben, können das tun.

Manche spirituellen Lehrer empfehlen den Übenden, einen Psychologen aufzusuchen und eine Psychotherapie zu machen, um gewissen Problemen vorzubeugen, die die Beziehung zum Meister belasten könnten. Wie denken Sie darüber?

Alles kommt auf die Person an. Man sollte aber nicht vergessen, daß man die Probleme, seien sie nun psychologisch oder existentiell, und den Dharma nicht voneinander trennen kann. Gerade, weil es diese Probleme gibt, wendet man sich dem Dharma zu und praktiziert ihn. Man kann sich vorstellen, daß es verschiedene Vorgehensweisen gibt und daß es nicht schlecht ist, gewisse Personen an eine Therapie heranzuführen. Es gibt bei alledem sicherlich keine absoluten Regeln. In den Schriften findet man ebenfalls Ratschläge, wie man Menschen helfen kann. Es kommt also auf den jeweiligen Fall an. Man sollte vielleicht auch bedenken, daß man Gefahr läuft, alles in einen psychologischen Jargon zu übersetzen, wenn man einen Psychologen aufsucht. Wenn man dann weiterhin alles in psychologischen Begriffen interpretiert, ist das ein Weg ohne Ende. Man hört oft Bemerkungen in dieser Richtung.

Wenn es also auch völlig von der jeweiligen Person abhängt, heißt das aber nicht, daß nicht jede angebotene Hilfe positiv ist. Es ist gut, Menschen helfen zu können, wenn es sich um mentale Probleme, Probleme des Geistes, handelt. Aber man sollte sich vielleicht vergewissern, daß der Mensch, dem man helfen will, sich die Frage stellt: »Was hilft mir wirklich?«, und daß jeder nach Maßgabe seiner eigenen Erfahrungen mit seiner Suche fortfährt, sei es nun beim Therapeuten oder dem spirituellen Meister.

Was ich mit Ihnen, Lama, ebenfalls erörtern möchte, ist folgendes: In unserem Land sieht man viel Konkurrenz und Rivalität zwischen den Schulen des Buddhismus, zwischen den Zentren, zwischen den Schülern von Lamas und so weiter. Ist das eine Zeiterscheinung und typisch westlich, oder gab es das auch in Indien oder in Tibet?

Das ist ein typisch menschlicher Fehler. Das gehört zu den Wirkungen, die von den störenden Emotionen ausgehen, und ist sicherlich kein Privileg des Westens. Man findet dieses Verhalten auch im Osten, vielleicht etwas weniger, aber auch dort gibt es Leute, die die einen loben und über die anderen negative Bemerkungen machen; sicher gibt es das. Aber das muß man vermeiden, das ist überhaupt nicht förderlich.

Sie sagten gerade, Lama, daß es auch in der tibetischen Gemeinschaft Gauner gibt. Glauben Sie, daß die Ausbreitung, die Mode des Buddhismus im Westen immer mehr von diesen Leuten zu uns zieht? Wenn dann noch die Naivität des westlichen Menschen dazukommt, der, wenn er einen Tibeter und die weinrote Robe nur von weitem sieht, schon glaubt, das sei jemand, der über jeden Fehler erhaben ist ... Glauben Sie, daß sich das mit dem wachsenden Erfolg des tibetischen Buddhismus ebenfalls ausbreiten könnte?

Es wird keine Katastrophen geben, das ist sicher, aber man kann in Situationen geraten, die einige wirklich bereuen könnten. Ich habe zum Beispiel gehört, daß Händler aus gewissen Ländern sich die Mönchsrobe anziehen, um nach Taiwan, in die Vereinigten Staaten, nach Europa und so weiter zu reisen, weil sie wissen, daß sie auf diese Weise ihre Artikel leichter verkaufen können. Das ist ein bißchen traurig, wenn man feststellen muß, daß es so etwas gibt.

Ich möchte Ihnen eine schwerwiegende Frage stellen. Wenn es einem Lama gegenüber Zweifel gibt, wenn es fraglich ist, ob er ein echter spiritueller Lehrer, ein wirklicher Lama ist, dann weiß der buddhistische Laie nicht so recht, was er machen soll: Einerseits weiß er, daß es sich um einen Lama handelt, und daß er, wenn er zweifelt, das Band zu seinem Lehrer zerschneidet. Aber andererseits heißt es in den Dharma-Schriften, daß man kritisch bleiben und prüfen soll, ob der fragliche Lama authentisch ist oder nicht. Was tut man in solch einem Fall? Machmal sitzt man ein bißchen in der Klemme: Man weiß nicht recht, bis zu welchem Grade der Meister authentisch ist oder nicht, und andererseits hat man Angst, das, was unkritisierbar ist, zu kritisieren. Das ist eine sehr heikle Geschichte.

Auf unserem Stand muß man immer prüfen: Entsprechen die Worte des Lama ihrem Sinn nach der Wirklichkeit, verfügt der Meister über die Eigenschaften, von denen in den Texten die Rede ist?

Das Problem, Lama, ist, daß ein Lehrer tatsächlich sehr gute Unterweisungen erteilen kann, aber ...

Das Gute und das Böse, gut und schlecht ... da dreht sich immer das gleiche Karussell. Selbst im Fall von Shākyamuni gab es zu seinen Lebzeiten Leute, die sagten, der Buddha habe nicht die geringsten guten Eigenschaften. Das zeigt, daß man sich von den Bemerkungen, die andere machen, nicht zu sehr beeindrucken und mitreißen lassen soll.

In extremen Fällen kann es geschehen, daß die Schüler eines Lama, der ein schlechtes oder sogar übles Verhalten an den Tag legt, glauben, er sei ein Meister der Verrückten Weisheit: Er weiß schon, was er tut, er treibt das schlechte Karma seiner Schülern aus und so weiter. Das hört man immer häufiger.

Ja, so ist das: Wenn man jemanden mag, wird man immer eine Erklärung finden, die ihn entschuldigt, selbst wenn er auf die denkbar gemeinste Weise handelt. Wenn man jemanden überhaupt nicht mag, kann er alles so gut wie nur irgend möglich machen, man wird immer ein Mittel finden, ihn in einem schlechten Licht zu zeigen. Es ist besser, auf dem Weg ein Gleichgewicht zu wahren und die Dinge recht zu bedenken; wenn man bewußt bleibt, wird man nicht blind in etwas hineinstolpern; man gebraucht seine Augen und seine Verstandeskräfte. Wenn man auf diese Weise wachsam ist und sich all dessen, was geschieht, bewußt bleibt und bei allem Geistesgegenwart zeigt, dann ist es ganz sicher, daß keinerlei Gefahren drohen.

Aber, Lama, es geht doch um diejenigen, die etwas weniger stark und ausgeglichen sind. Wenn man weiß, daß jemand ein falscher Meister ist, warum warnen dann die anderen Lamas nicht die Schüler und sagen: »Paßt auf, dieser Meister ist nicht echt?« Das hört man nie. Und manchmal erlebt man sogar, daß sehr große Meister sich in deren Zentren begeben und bei ihnen Unterweisungen erteilen. Davon hört man dann überall, und die Schüler sind völlig verloren. Sie sagen dann: »Seht ihr, zu dem und dem ist ein großer Meister gekommen!«

Im Buddhismus ist es nicht üblich, jemanden ausdrücklich zu verurteilen, das muß man wissen. Außerdem wird jemand wie der Dalai Lama beispielsweise ein Zentrum nicht wegen des Lama oder dieser oder jener Person besuchen. Er kommt in ein Zentrum, weil sich dort viele Menschen versammelt haben und weil er dort Unterweisungen zum Dharma geben kann. Und was wird der Dalai Lama in diesem Zentrum sagen? Er wird sagen, daß man den Dharma richtig praktizieren und kritisch sein soll, bei allem, was man tut, gut überlegen muß, daß man nicht nur an sich, sondern auch an die anderen denken soll und so weiter. Er wird die Situation offen halten, und die Debatte auch.

Lama, in den Schriften heißt es, daß man sich vor dem hüten soll, was man falsche Ansichten nennt. Wäre es nicht schon aus Erbarmen einfacher, die Menschen zu warnen und so zu verhindern, daß sich einige manchmal fünf, zehn, fünfzehn oder zwanzig Jahre lang an einen falschen Meister verlieren? Es wäre auch Erbarmen den Schülern gegenüber, zu sagen: »Geht nicht zu diesem Typen«, ohne ihn aus der Gesellschaft zu verbannen, ihn zu verurteilen oder was auch immer – einfach nur warnen: »Um Gottes Willen, seid vorsichtig! Es passieren schlimme Geschichten.«

Das ist schwierig … und der Rat des Dalai Lama ist auch hier kostbar. Der Dalai Lama hat gesagt: » Nehmt darum zuerst die traditionellen Texte als geistigen Führer.«

Ich kann immer noch nicht ganz begreifen, wie ein erleuchteter Meister zu jemandem gehen kann, der unaufrichtig ist. Das sind Leute, die Karriere machen wollen, Macht, Ruhm oder Geld, die Sex oder was weiß ich suchen. Könnte man sich denn nicht vorstellen, daß die großen Meister dorthin gehen, um diskret, mit subtilen Mitteln, zu versuchen, den Schaden zu begrenzen und dafür zu sorgen, daß das nicht zu weit geht?

Ich glaube nicht, daß das ihre Absicht ist. Die Botschaft, die sie in die Zentren tragen, lautet, denke ich, daß man seinen Blick nicht auf eine Person, sondern auf alle Wesen richten soll.

Lama, in den tantrischen Lehren heißt es, daß es vier Arten von Handlungen, Karma, gibt: erstens befrieden; wenn das nicht geht, versammeln; wenn das nicht geht, magnetisieren; und wenn das noch immer nicht funktioniert, zerstören. Warum macht man das denn hier nicht so? Ich will ja nicht sagen physisch töten; das Wirken der rasenden Energie besteht darin, die Feinde des Dharma zu zerstören.

Zerstören ist leicht getan, das ist klar. Aber diese rasende Aktivität sollte nur in einer Situation zur Anwendung kommen, wo sich nicht folgendes Szenario entwickelt: Man zerstört etwas an einer Stelle, und an zwei anderen Orten wächst es wieder nach. In den Texten wird zum Beispiel erklärt, unter welchen Umständen man solch rasendes Wirken einsetzen kann. Wenn es sich wirklich um eine sehr unaufrichtige Person handelt, kann man in dieser Weise handeln, unter der Voraussetzung, daß man in dem Moment, wo man die Handlung vollzieht, sich vollkommen bewußt ist, was anschließend mit derjenigen Person geschieht. Unter dieser Voraussetzung ja. »Jemanden töten, um sein Leben zu retten«, unter dieser Bedingung.

Ich spreche ja nicht vom physischen Töten, sondern davon, daß die schlechten, die Irrlehren, zerstört werden.

Auch da liegen die Dinge nicht so einfach, wie man glauben könnte. Es gibt sehr oft eine eindimensionale Sicht der Dinge. Man müßte eine Gesamtschau all dessen haben, was geschieht – auch das sehen, was nicht für jedermann sichtbar ist. Diese Eindimensionalität kann tatsächlich zu einer Quelle der Enttäuschung und des heimlichen Grolls werden.

Kann man das letzten Endes auch so sehen, daß Sie die Menschen ihre eigenen Erfahrungen machen lassen und es gleichzeitig von ihrem Karma und von ihrem freien Willen abhängt, ob sie an einen guten Lehrer geraten oder nicht?

Es ist, wie Sie es sagen. Außerdem sieht man immer wieder Menschen, die dem rechten Weg folgen, wenn man sie auf die Schiene setzt, und andere, die jedesmal, wenn man sie auf den richtigen Weg bringt, doch wieder eine andere Richtung einschlagen.

Trotzdem sollte man niemals verzweifeln ... um so mehr, als die Natur des Geistes eben das ist, was man die Quintessenz des Erwachtseins nennt, diese kleine Flamme, die nie erlischt. Wenn man der Meinung ist, daß das Gesetz von Ursache und Wirkung (Karma) zu etwas gut ist, kann man sich vorstellen, daß eines Tages, wenn alle notwendigen Bedingungen vorhanden sind, alles gut wird! Das gilt für jedes Individuum und jegliches Land, auch für Tibet.

Lama, und ich bitte Sie jetzt, ganz ehrlich zu antworten: Glauben Sie, daß der Buddhismus den Europäern wirklich eine Hilfe sein kann? Und wenn ja, inwiefern?

Wenn die Praxis richtig und echt ist, gibt es keinen Grund, warum sie den Menschen im Westen nicht helfen sollte. Im Westen wie im Osten gelten die Worte des Buddha vor allem dem Menschen (in den Texten ist sogar von allen Lebewesen die Rede), so wie er ist – mit einem Geist, der traurig, zornig oder glücklich sein kann, hier wie dort, bei uns wie bei euch.

Vergessen wir aber auch nicht die Worte des Buddha: Ein erwachtes Wesen kann die Negativität der anderen nicht wegwaschen, so wie man ein Kleid im Wasser auswäscht. Es kann auch nicht das Leiden der anderen wegnehmen, so wie man mit einer Handbewegung ein Haar vom Jackett seines Partners entfernt. Es ist im übrigen auch nicht in der Lage, die Kraft seiner Verwirklichung weiterzugeben, so wie man jemandem ein Geschenk macht. Von daher kann man sich die Frage stellen: »Was bringt uns der Buddha dann letztendlich?«

Der Buddha hat einen Weg gezeigt, der zur Erkenntnis der wahren Natur der Erscheinungen führt. Dank dessen können die Wesen sich befreien.

Aber es hat keinen Sinn, die Ratschläge des Buddha zu hören, wenn man Opfer störender Emotionen ist – so wie auch das köstlichste Essen verdorben ist, wenn es eine Dosis Gift enthält. Das gilt auch für die Praxis.

Wenn man die Ratschläge des Buddha in einem verblendeten und eingeengten Geisteszustand anwendet, muß man damit rechnen, daß die Übungen nicht nur keinen Segen bringen, sondern sogar schädlich wirken könnten. Man muß nach den Regeln der Kunst praktizieren. Man nimmt ja auch ein Medikament genauso ein, wie der Arzt es verschrieben hat. So kann man auch sagen: Wenn man genauso praktiziert, wie der Buddha es vorgeschlagen hat, können diese Methoden nur segensreiche Wirkungen hervorrufen. Ich glaube also, daß auch ihr im Westen sie in die Praxis umsetzen könnt, wenn ihr die drei Etappen des Hörens, Nachdenkens und Meditierens durchlauft. Nirgendwo ruft der Buddha die Menschen zu blindem Gehorsam oder blinder Verehrung auf. Im Gegenteil. Er rät uns, uns beständig die Frage zu stellen: Wo stehe ich? Welche Art der Praxis entspricht mir? Warum mache ich das? Aus der großen Vielfalt der Lehren und Ratschläge, die der Buddha gab, kann jeder seinen Neigungen und der momentanen Notwendigkeit entsprechend wählen.

Es gibt also keinen Grund, weshalb ihr, die ihr gewohnt seid, zu studieren und die Fragen zu vertiefen, ihr aus dem Westen, die ihr so intelligent seid, durch Nachdenken und Praktizieren nicht allen Nutzen aus der Praxis ziehen könntet. Das ist jedenfalls meine Hoffnung und das Wunschgebet, das ich ausspreche.

# Nachwort
## von Frans Goetghebeur

*Buddhismus hier & jetzt ...*
Fünfundzwanzig Jahrhunderte sind vergangen, bevor der
Buddhismus den Westen erreichte!

Welche Lektion in Bescheidenheit erteilt die Geschichte den eiligen westlichen Menschen, die glauben, ihren
buddhistischen Privatclub eröffnen zu können, nachdem
sie zweieinhalb Bücher gelesen und ein Wochenende lang
an einem Meditationskurs teilgenommen haben!

Der Buddhismus, von dem hier die Rede ist, ist kein
Kunstobjekt, der in den Katalogen der Antiquitäten-
händler erscheint, und auch kein Studienthema, das die
Geister der Orientalisten beschäftigt, sondern ein kultu-
relles Phänomen, welches sich vor unseren Augen entfaltet, während die Sonne im Westen untergeht.

Die Medien sehen darin einen Boom (»Die am schnell-
sten wachsende Religion der Welt«), während es sich doch
vor allem um eine Bewegung handelt, die, unsichtbar und
beeindruckend zugleich, schon aus allen Poren der westlichen Zivilisation atmet. Kliniken und Schulbücher, die
Philosophie und die Wissenschaften, das tägliche Leben,
ja die Luft, die wir einatmen – alles enthält bereits Spuren des Buddhismus, den ein günstiger Wind zu uns her-

angetragen hat. Er wird in die westliche Kultur integriert, ohne große Wellen zu schlagen.

Es bleibt natürlich zu fragen, ob wir drei Dinge klar im Gedächtnis behalten:

1. Nachdem der Buddha den Zustand des völligen Erwachtseins erreicht hatte, hat er es vorgezogen, sieben Wochen lang zu schweigen, statt auf die ungeduldigen Fragen der ersten Neugierigen zu antworten.
2. Dann gab der Buddha sehr viel mehr Ratschläge zum Weg, der zur Befreiung führt, als erläuternde Definitionen des zu erreichenden Ziels.
3. Schließlich hat er sich bei seinem Tode trotz eindringlicher Bitten seines vertrautesten Schülers geweigert, einen Nachfolger zu benennen.

Die Lektion, die man aus diesen drei Punkten lernen kann, ist klar:

1. Die frohe Botschaft vom Erscheinen des Buddhismus und den großen Wesenseigenschaften des Buddha muß nicht auf allen Straßen und auch nicht von der Kanzel verkündet werden.
2. Der Buddhismus hat auch nichts mit dem pseudo-esoterischen Bluff und Schnickschnack zu tun, der gegen Bares oder auf gültige Kreditkarte in den Läden des dritten Jahrtausends verkauft wird. Er bietet eine echte innere Erfahrung, die aus einer Meditation wächst, welche auf Zuhören und Nachdenken gründet.

Einige werden sich fragen: »Ja, aber was ist denn nun mit dem ›Buddhismus hier & jetzt‹, um den es in diesem Buch gehen soll? Die ethische Grundhaltung des Buddhismus akzeptiere ich. Die Lehre von der Leere notfalls auch. Aber seien wir doch mal ehrlich: Das ist doch wohl kaum zu akzeptieren – dieser kosmische Narzißmus in ätherischen Gefilden, dieses Gemisch aus kindlichen Träumen und pseudo-mystischen Erfahrungen!«

Also gut, Sie haben beim Lesen dieses Buches begriffen, daß Lama Karta es gewagt hat, in sehr einfachen Worten von dem zu sprechen, was nicht gleich offensichtlich ist. In dieser Unterredung werden nicht alle Fragen gestellt, das ist klar. Es werden nicht alle Antworten gegeben, das ist normal. Der Rhythmus dieses Büchleins ist langsam und bringt dadurch zum Vorschein, wie die Wellen der Ungeduld, der Unzufriedenheit und der eiligen Vorurteile bei den Lesern oder buddhistischen Anfängern kommen und gehen. Und die Antworten, die Lama Karta gibt, sind ebenso interessant wie die, die er *nicht* gibt. Im Laufe der Lektüre gewöhnt man sich langsam daran, daß nicht immer alles ausgesprochen wird und niemals alles gesagt werden kann. Das ist ein weiterer Vorzug dieses Buches. Andererseits kommt der Leser, je mehr Fragen Lama Karta gestellt werden, in konzentrischen Kreisen dem Herzen aller Dinge immer näher: der funkensprühenden Leere. Es gehört Mut dazu, so einfach zu bleiben, wenn man über so tiefe und schwierige Dinge spricht. Das ist ein Zeichen von Bescheidenheit, die Frucht wirklicher Weisheit.

Dieses Buch kann das Thema nicht erschöpfend behandeln und auch keine profunden Reflexionen über die Spiritualität liefern, hofft aber die Leser mit seinen pragmatischen Hinweisen zu inspirieren. Es handelt sich nicht um eine aufpolierte Perle, die teuer verkauft werden soll, sondern um ein Glas frischen Wassers, das man im Vorbeigehen trinkt. Sein Verdienst liegt in seiner Einfachheit und gleichzeitig darin, daß es die Leser zweifellos dazu bringt, die Debatte unter sich fortzusetzen. Dies kann geschehen dank der Bereitschaft von Lama Karta und weil Jean-Marc Nikolic nicht aufgehört hat, Fragen zu stellen.

Wir tauchen hier ein in einen Ozean der Klarheit: Spontane und Güte ausstrahlende Worte eines vollendeten Meisters – das heißt: Worte von jemandem, der uns wohl will, der aber nichts verspricht – geben Antwort auf hundert Fragen, die sich denen stellen, die den erhabenen Weg des Buddhismus beschreiten wollen, und die mehr erfahren oder die Antworten in ihren Alltag integrieren wollen.

# Glossar

**Abhidharma**
Die Gesamtheit der kanonischen Schriften, die zum dritten Zyklus der Lehren des Buddha gehören, der von der Analyse der Phänomene handelt.
Der Abhidharma stellt das früheste Kompendium buddhistischer Philosophie und Psychologie dar. Er bildet die dogmatische Grundlage des Hīnayāna und des Mahāyāna. Gelegentlich wird Abhidharma auch mit »Buddhistische Phänomenologie« übersetzt.

**Amitābha**
Einer der fünf wichtigsten Buddhas, der besondere Verehrung beim Volk genießt. Der Wunsch, nach dem Tode in seinem Reinen Gefilde der Glückseligkeit wiedergeboren zu werden, ist im Osten sehr verbreitet. Sein Name bedeutet »Grenzenloses Licht«.

**Arhat**
Jemand, der die höchste Stufe des Theravāda erreicht hat. Wörtlich: »Der den Feind besiegt hat«, das heißt die konfliktträchtigen Emotionen.

**Bindu**
»Tropfen«, kleine Lichtsphäre, Konzentration von Energie oder Symbol für die sexuellen Substanzen.

**Bodhichitta**
Geist, der zum Wohle aller Lebewesen nach Erleuchtung strebt. Das Bodhichitta umfaßt zwei Aspekte:
1. das »absolute Bodhichitta«, das für das Konzept der Leere aller Erscheinungen steht;
2. das »relative Bodhichitta«, das die Entwicklung und die Praxis des Erbarmens bedeutet.

**Bodhisattva**
1. Wesen, die danach streben, Bodhichitta zu praktizieren, und den Willen entwickeln, bis zum Ende von Samsāra zum Wohle aller Wesen zu wirken.
2. Diejenigen, die schon die Befreiung erlangt haben und sich in einem der zehn Bodhisattva-Länder befinden. Sie sind in unserer Welt gegenwärtig oder verbleiben auf subtileren Manifestationsebenen (wie etwa Chenresi oder Mañjushrī).

**Dharma**
Unter den vielen Bedeutungen des Wortes sind drei besonders hervorzuheben:
1. Die Lehren des Buddha in ihrer Gesamtheit (die häufigste Bedeutung);
2. alle Dinge, alle Phänomene, die zeitlich in Erscheinung treten;
3. die Wahrheit, die Essenz der Realität, die wirkliche Seinsweise der Dinge, wie sie der Buddha gelehrt hat (siehe Dharmakāya).

**Dorje Lopön**
Meister, der die Klosterdisziplin überwacht.

Fünf Buddha-Familien siehe S. 190

## Gampopa

Großer tibetischer Meister (1079–1153). Zunächst betrieb er medizinische Studien. Nach dem Tod seiner Frau trat Gampopa in ein Kloster ein und wurde ein Gelehrter der Kadampa-Schule, die von Atīsha begründet wurde. Später wurde er ein Schüler von Milarepa. Er vereinigte die Kadampa-Lehren und die Mahāmudrā-Tradition und erreichte die höchsten Meditationsstufen. Aus dieser Synthese ging die Schule der Dakpo Kagyü hervor, zu deren Begründer er wurde. Er ist Verfasser des Werkes »Juwelenschmuck der Befreiung«. Gampopa war der Hauptlehrer des ersten Karmapa, Dusum Khyenpa.

## Geist

In der buddhistischen Terminologie hat der Begriff »Geist« zwei Bedeutungen:
1. die Funktionsweise des Geistes, die im Westen das Studienobjekt der Psychologie darstellt;
2. die reine und nonduale Wirklichkeit des Geistes als fluktuierendes Kontinuum. Die Ausdrücke »Erkenntnis des Geistes« oder »Natur des Geistes« beziehen sich immer auf die zweite Bedeutung und nicht auf eine psychologische Betrachtungsweise.

## Gelong

Sanskrit: Bhikshu; voll ordinierter Mönch.

## Gelongma

Voll ordinierte Nonne.

## Gelübde

Gewöhnlich legt man zuerst die Gelübde der Zuflucht, dann die Gelübde des frommen Laien (Getsun/ma) und dann unter Umständen die Ordinationsgelübde (Gelong/ma) und schließlich die Geheimen Gelübde ab. Man kann seine Wahl auch je nach Zeit und Praxis treffen. Einige behaupten, daß man nicht den Gelübden des Bodhisattva nachkommen kann, wenn man zuvor nicht die des frommen Laien abgelegt hat. Andere meinen, daß man die Gelübde des Bodhisattva auch ablegen kann, wenn man nicht Zuflucht genommen hat. Nach der Kagyüpa-Tradition legt man die Gelübde in folgender Reihenfolge ab: Zuflucht, Bodhisattva-Gelübde und Geheime Gelübde. Typischerweise suchen die westlichen Menschen im Buddhismus oft die gleichen hierarchischen Strukturen, die gleichen Vorschriften und sogar die gleichen Dogmen, wie sie für ihre eigenen Traditionen charakteristisch sind! Vergeblich, natürlich. Hier haben wir noch einmal ein Beispiel dafür, daß der Buddhismus eine große Flexibilität in den äußeren Strukturen aufweist.

## Gelugpa
Eine der vier Hauptschulen des modernen tibetischen Buddhismus, die im 15. Jahrhundert von Tsongkhapa gegründet wurde.

## Getsul
Sanskrit: Shrāmanera; Mönchsnovize, der die niederen Weihen empfangen hat).

## Getsulma
Novizin, die die niederen Weihen empfangen hat.

## Ich
Die Erkenntnis der Leere, die der Wirklichkeit (der Dinge und Menschen) zugrunde liegt, wird die Weisheit von der Nichtexistenz des Ich genannt.

**Jambuling**
Der Name unserer Erde in der tibetischen Kosmologie.

**Jātaka**
Sammlung der Geschichten über die früheren Leben des historischen Buddha.

**Kagyüpa**
Diese Lehrtradition und Schule wurde im 11. Jahrhundert von Marpa begründet und entwickelte anschließend ein breites Spektrum von assoziierten Richtungen.

**Kālachakra**
Gottheit, deren Tantra als der Höhepunkt aller tantrischen Texte und Praktiken angesehen wird. Dieses Tantra ist mit dem Königreich Shambhala verbunden und enthält zahlreiche astrologische und kosmische Angaben. Man unterscheidet das Äußere Kālachakra (das die kosmische Natur der äußeren Elemente und astrologische Phänomene zum Gegenstand hat) und das Innere Kālachakra (welches sich auf die Funktionsweise unseres physischen Körpers, der Sinnesorgane und der Psyche bezieht).

**Kalpa**
Kosmische Ära von extrem langer Dauer. Einige Kalpas zeichnen sich dadurch aus, daß in diesem Zeitraum ein oder mehrere erleuchtete Wesen Unterweisungen erteilen, während es in anderen Kalpas an jeglicher spiritueller Weisung mangelt. Erstere werden »leuchtende Kalpas«, letztere »dunkle Kalpas« genannt.

**Karma**
Das Gesetz des Karma beschreibt die Verkettung von Ursachen und Wirkungen und herrscht in der gesamten Er-

scheinungswelt. Die Art und Weise, wie uns die Welt erscheint, und die Erfahrungen, die wir machen, werden also nicht als Produkt des Zufalls oder als Schöpfung eines allmächtigen Gottes gesehen, sondern als Ergebnis von vorangegangenen und gegenwärtigen Handlungen, Worten und Gedanken.

Der Karma-Prozeß entfaltet sich in drei Abschnitten:

1. eine Handlung, die bewirkt, daß sich im Geist des Handelnden ein Muster einprägt;

2. eine »Speicherung in den Tiefen des Bewußtseinspotentials« während eines Zeitraums von unbestimmter Dauer, in dessen Verlauf sich eine Reifung vollzieht;

3. eine Aktualisierung, die durch eine bestimmte Situation hervorgerufen wird.

Dieses Gesetz wird insofern »unfehlbar« genannt, das heißt »ohne Irrtum«, als gleiche Ursachen immer gleiche Wirkungen entfalten, so wie aus dem Samen einer Geranie immer eine Geranie wird und kein Klatschmohn. »Unfehlbar« heißt indessen nicht »unausweichlich«, denn es können neue Ursachen hinzukommen und die zurückliegenden modifizieren: Auch wenn ein Same der Ackerwinde dazu bestimmt ist, zu einer Ackerwinde zu werden, wird sich dessen Blüte trotzdem nie entfalten, wenn vor ihrer Bildung ein Unkrautvernichtungsmittel gesprüht wurde. Darum ist eine Reinigung von schlechtem Karma möglich. Die Implikationen des Karma-Gesetzes sind äußerst komplex; es heißt, daß nur ein Buddha sie alle verstehen kann. Das Gesetz des Karma setzt die Subjekt-Objekt-Dualität voraus. Es gilt also nicht für einen Buddha, dessen Geist über der Dualität steht.

## Kostbare menschliche Geburt (Kostbarer menschlicher Körper)

Dieser Geburt erfreuen sich Menschen, bei denen die folgenden Bedingungen gegeben sind:

A) Sie verfügen über die »Acht Freiheiten«, das heißt, sie sind der Wiedergeburt in einem der acht widrigen Zustände entronnen, nämlich im Bereich:
   1. der Hölle;
   2. der Hungrigen Geister (*preta*) oder Yidaks;
   3. der Tiere;
   4. der Götter;
   5. einer Gesellschaft, wo der Dharma unbekannt ist;
   6. der Menschen, die irrige Überzeugungen nähren und weder an das Karma noch an den Dharma glauben;
   7. einer Ära, wo kein Buddha erschienen ist;
   8. der Menschen, die an einer physischen oder geistigen Behinderung leiden, welche sie daran hindert, den Dharma zu verstehen und zu praktizieren.

B) Sie verfügen über die »Zehn Möglichkeiten«, von denen fünf sich auf die Person selbst beziehen und fünf auf ihre Umgebung:
   1. als Mensch geboren werden;
   2. in einem Land geboren werden, wo der Dharma gegenwärtig ist;
   3. im Besitz seiner physischen und mentalen Kräfte sein;
   4. nicht unter dem Einfluß extremer karmischer Tendenzen stehen, die zum Vollzug sehr negativer Handlungen treiben;
   5. als jemand geboren werden, der fähig ist, Vertrauen in die Drei Kostbarkeiten (Buddha, Dharma, Sangha) zu entwickeln;
   6. in einer Ära geboren werden, wo der Buddha den Dharma gelehrt hat;

7. in einer Ära leben, wo ein Buddha sich manifestiert hat;

8. in einer Epoche geboren werden, wo der Dharma sich nicht im Niedergang befindet, sondern in Kraft ist;

9. in einer Gegend geboren werden, wo viele Menschen den Dharma praktizieren;

10. in einer Gegend geboren werden, wo andere Menschen, die durch Glauben und Güte inspiriert sind, den Praktizierenden Unterstützung geben.

Die Kostbare menschliche Geburt ist äußerst selten. Es heißt, daß die Wesen der Hölle so zahlreich sind wie die Atome im Universum, die Yidaks so zahlreich wie die Sandkörner des Ganges, die Tiere so zahlreich wie Schneeflocken und die Götter der oberen Welten so zahlreich wie die Sterne am Nachthimmel. Was die Wesen betrifft, die die Kostbare menschliche Geburt verwirklicht haben, so sind sie so selten wie Sterne am hellen Tage.

**Mandala**
Dieser Begriff hat einen großen Bedeutungsradius, der die Idee einer Ganzheit oder einer strukturierten Einheit impliziert. Am häufigsten wird er auf ein Ensemble von Gottheiten angewandt, das aus einer im Zentrum plazierten Hauptfigur und deren Gefolge in der Peripherie besteht. Auf den Thangkas, den tibetischen Rollbildern, stellen die Mandalas Gottheiten in ihren himmlischen Palästen dar. Es handelt sich um eine Konfiguration von komplexer Symbolik, die für alle Energien und Manifestationen eines besonderen Aspekts der Erleuchtung steht. Die Darbringung des Mandala ist eine Praktik oder Teil eines Rituals, bei dem man sich vorstellt, daß man das Mandala des gesamten Universums darbringt.

## Marpa

Tibetischer Meister des 11. Jahrhunderts, von dem die Kagyüpa-Linie ihren Ausgang nahm. Er wurde der »Große Übersetzer« genannt und wählte sich Milarepa zum Hauptschüler.

## Milarepa

Yogi des 11. Jahrhunderts und wohl die berühmteste Gestalt des tibetischen Buddhismus. Um den Rachedurst seiner Mutter zu befriedigen, praktizierte er in seiner Jugend die schwarze Magie. Das bereute er später, wandte sich dem Dharma zu und traf auf Marpa, seinen Meister. Dieser unterwarf ihn verschiedenen Prüfungen, um ihn zu reinigen, bevor er ihm Unterweisungen erteilte. Milarepa meditierte dann jahrelang in Höhlen und erlangte die Buddhaschaft. Seine Ausstrahlung gewann ihm viele Schüler. Milarepa verdankt seine Berühmtheit nicht nur seiner spirituellen Vervollkommnung, sondern auch den zahlreichen mystischen Gesängen, die er komponierte.

## Naropa

Indischer Meister des 11. Jahrhunderts und Schüler von Tilopa, der insbesondere durch die absolute Hingabe an seinen Meister berühmt wurde, in der er nicht schwankte, obwohl dieser ihm unbegreifliche Prüfungen auferlegte. Er wurde wiederum der Meister von Marpa.

## Niguma

Yoginī der höchsten Vollendungsstufe, die als Schwester von Naropa gilt.

## Nirvāna

Das letzte Ziel des Weges, Synonym für das Erwachen. Das Hīnayāna faßt Nirvāna als das Aufhören von Nichtwissen und konfliktgeladenen Emotionen auf, das zur Befreiung

aus dem Kreislauf der Wiedergeburten führt. Im Mahāyāna kommt beim Nirvāna zum Aufhören des Nichtwissens
die Entwicklung eines unbegrenzten Erbarmens dazu, das
mit geeigneten Mitteln in die Tat umgesetzt wird. Dieses
Nirvāna wird auch das »nicht fixierte« genannt.

## Nyingmapa

Die älteste Lehrtradition und Schulrichtung des Buddhismus in Tibet; sie geht auf das Wirken von Padmasambhava zurück.

## Padmasambhava

Tantrischer Meister aus Indien, der im 8. Jahrhundert den
tantrischen Buddhismus in Tibet einführte und besonders
in der Nyingmapa-Tradition verehrt wird. Er hat zahlreiche Schriften in Form von Termas (»Schatztexte«, religiöse Texte, die an geheimen Orten versteckt wurden) hin-
terlassen. Von den Tibetern wird er oft Guru Rinpoche,
»Kostbarer Meister«, genannt.

## Reines Gefilde

Manifestationsebene, die der reinen Dynamik des Geistes
eines Buddha entspringt. Die Vorstellung ist der des Pa-
radieses sehr ähnlich. Es gibt zahlreiche Reine Gefilde, der
Zugang zu ihnen hängt von unserem Streben und unserer
eigenen Reinheit ab. Dort wiedergeboren zu werden bedeutet nicht unbedingt, daß man die Erleuchtung erlangt
hat. Hier hat man aber die Möglichkeit, schneller Fortschritte zu machen.

## Sakyapa

Eine der vier großen Schulrichtungen des zeitgenössischen
tibetischen Buddhismus. Sie wurde im 11. Jahrhundert
von dem tibetischen Meister Kunga Nyingpo begründet,
der ein Schüler des indischen Yogi Virupa war.

**Samantabhadra**
»Der Allumfassend Gute«. Den gleichen Namen tragen
ein Buddha und ein Bodhisattva. In diesem Text bezieht
sich Jamgon Kongtrul auf den Buddha, der der höchste
Ausdruck des Erwachtseins im Nyingma-System ist.

**Samsāra**
Der »Kreislauf der Existenzen«; er besteht aus sechs Welten, durch welche die Wesen kreisen, indem sie wie in
einem Circulus vitiosus von einer auf die andere Existenz-
ebene wechseln. Samsāra ist durch Leiden, Vergänglichkeit und Verblendung gekennzeichnet. Der Kreislauf der
bedingten Existenzen, Samsāra, hat weder Anfang noch
Ende. Aber als Bedingung der individuellen Existenz
endet er endgültig, wenn die Ursachen des Leidens endgültig aufhören. Dann wird die Befreiung erlangt, die Nirvāna genannt wird.

**Sechs Welten oder Existenzebenen**
Diese sechs Klassen von Wesen oder Existenzformen bilden den Samsāra. Die drei unteren Welten werden als unglückliche Zustände, die drei anderen Kategorien als relativ glücklich bezeichnet:
1. die Höllenwesen;
2. die Hungrigen Geister oder Pretas;
3. die Tiere;
4. die Menschen;
5. die Eifersüchtigen Götter oder Asuras (auch »Halbgötter«)
6. die Götter
Die sechs Welten sind wie alle Zwischenzustände (*bardos*)
Ausdruck einer spezifischen psychologischen Situation, in
der jedermann sich wiederfinden kann. Samsāra (der
Kreislauf der Existenzen) kann als Straßenkarte des Geistes betrachtet werden, als Muster der Spielchen aller

möglichen Lebewesen, die an ihre eigene Geschichte glauben, eine Geschichte der Emotionen, wenn man so will. Was können uns solche Schemata nützen? Wenn man über diese Situationen meditiert, wird man gewahr, daß Erleuchtung nicht so sehr bedeutet, sich endgültig vom Dasein zu trennen; es heißt vielmehr, sich von allen möglichen neurotischen Tendenzen zu befreien, die auf dem Leben lasten.

### SCHEMA DER SECHS WELTEN

| Die Sechs Welten | Grund-haltung | Emotion | Konflikt-ebene | Bardo |
|---|---|---|---|---|
| Götter | Genuß einer angenehmen Situation | Hochmut | Spiritualität | Bardo der Meditation |
| Eifersüchtige Götter (Asuras) | Neid auf andere, Kampf-bereitschaft | Eifersucht, Unruhe | Konkurrenz | Bardo der Geburt |
| Menschen | Verlangen aller Art (Intimität, Sexualität ...) | Gier | Anhaften | Bardo des vergänglichen Körpers |
| Tiere | instinktive Reaktionen | Dumpfheit | Zugäng-lichkeit | Bardo des Traums |
| Hungrige Geister (Pretas) | Unbefriedigt-sein | Habgier, Geiz | Primäre Bedürfnisse | Bardo des Daseins |
| Höllenwesen | das Gefühl, bedroht und in Gefahr zu sein | Haß | Beziehungen | Bardo des Todes |

*Die Götter* (neurotische Tendenz: Abgehobensein, Hochmut)

1. Eine Verwechslung mit dem westlichen Begriff von »Gott« und »Göttern« sollte vermieden werden. In der buddhistischen Terminologie der sechs Welten sind Götter himmlische Wesen, die noch im Samsāra leben: Sie weilen in paradiesischer Umgebung und sind davon berauscht. Auch wenn sie lange leben, werden sie in dem Moment, wo ihr karmisches Verdienst aufgebraucht ist, unabwendbar in niederen Existenzformen wiedergeboren. Es ist hier auch wichtig zu unterscheiden, was der tibetische Buddhismus »Gottheit« nennt: Mit diesem Terminus werden erwachte Wesen bezeichnet, die als Beschützer gesehen werden können oder als symbolische Gegenwart einer vollkommenen Eigenschaft: Chenresi zum Beispiel, die Gottheit des Erbarmens; Vajrapāni, die Gottheit jener Aktivitäten, die im Zustand des Erwachtseins vollzogen werden, und so weiter.

2. Chögyam Trungpa nennt den neurotischen Aspekt dieser Existenzform (der Götter im Samsāra) den religiösen Wahn. Epstein beschreibt die Götter als diejenigen, die in einen primären Narzißmus zurückfallen, die zur Mutterbrust streben, sich im »ozeanischen Gefühl« des Fötus auflösen wollen. Diese Form des Berauschtseins wird in der Gestaltpsychologie »Verschmelzung« genannt und stellt einen Zustand des Abgehobenseins dar, in dem die Ich-Grenzen negiert werden. Die vollkommene Ruhe des Geistes beim Meditieren wird oft mit diesem Abgeho-

bensein verwechselt, aus dem man eines Tages unweigerlich erwacht. Zeitweilig verliert man sich in einen spirituellen Materialismus, eine Art Autohypnose, wobei der Meditierende mehr im Mittelpunkt der Kontemplation steht als die Meditation selbst.

*Die Eifersüchtigen Götter* (neurotische Tendenz: Konkurrenzdenken, Eifersucht)

1. Sie werden auch »Halbgötter«, »Asuras« und zuweilen sogar »Titanen« genannt. Ihre Eifersucht bringt sie dazu, sich ständig in Kämpfe zu verwickeln. Wenn auch der wunscherfüllende Baum in ihrem Reich wurzelt, so hängen doch seine Früchte sehr hoch, im Reich der Götter!

2. Die Störung, die dieser Existenzstufe ihre Bezeichnung gibt, steht in Beziehung zum Bedürfnis des Ich, sich hervorzutun, und, nach Epstein, zur Schizophrenie. Man ist ständig in Unruhe, hat das Gefühl, getäuscht zu werden, und versucht vor allem, sich zu schützen.

*Die Menschen* (neurotische Tendenz: Gier/Leidenschaft)

1. Diese Wesen können sich aufgrund ihrer Gier auf vielfältige Weise täuschen und wegen ihres Selbstmitleids allen Formen der Sklaverei anheimfallen. Sie sind immer bestrebt, ihr Ego aufzubauen, und trotzdem am ehesten fähig, die Leere zu begreifen und dadurch das Erwachtsein zu erreichen.

2. Zu dem Syndrom, das die Menschen charakterisiert, gehören alle möglichen Arten des Narzißmus. Dies ist die Welt der Affekte in all ihren Formen. Diese Wesen stecken im »Stau der dis-

kursiven Gedanken«. Sie haben die Tendenz, ständig zu vergleichen, aber im Gegensatz zu den Asuras, die immer auf Kampf aus sind, können sie am ehesten Verständnis für andere entwickeln. Alle niederen Welten haben mit verborgenen Trieben zu tun, während die oberen Welten Neigungen darstellen, die mehr das Ego stützen.

*Die Tiere* (neurotische Tendenz: Gleichgültigkeit, Beschränktheit, mangelnde Voraussicht)
Das ist die Welt der biologischen Instinkte, das heißt der starren, unbeeinflußbaren Strukturen. Tiere haben keine Wahlfreiheit, sie verhalten sich instinktiv, sie lächeln nicht und sind, was sie sind. Ihre Beschränktheit spielt ihnen Streiche.

*Die Hungrigen Geister* (neurotische Tendenz: Sucht)
Unersättlichkeit, orale Triebe und ein starkes Hängen an einer unwiederbringlichen Vergangenheit quälen die Bewohner dieser Welt. Sie sind süchtig nach Nahrung, Freundschaft, Reichtum oder Kleidung.

*Die Höllenwesen* (neurotische Tendenz: Aggression)
Diese Wesen leben in einer Welt der Furcht, der Aggression und der permanenten Paranoia.

**Selbst**
Siehe: »Ich«.

**Tengyur**
Alle Kommentare der Yogis und Gelehrten zu den Lehren des Buddha.

**Tulku**
Mit diesem Begriff werden Wesen bezeichnet, die einen gewissen Grad spiritueller Reife erreicht haben. Sie können sich in den Ländern der Bodhisattvas befinden oder im Diesseits und werden als Reinkarnationen erkannt. Das System der Tulkus war weder im alten Indien noch in den ersten Jahrhunderten der Ausbreitung des Buddhismus in Tibet in Kraft. Erst vom 12. Jahrhundert an begann man, Reinkarnationen verstorbener Lamas zu erkennen. Der Dalai Lama und der Gyalwa Karmapa sind Beispiele für berühmte Tulkus.

**Vajrayoginī**
Weibliche Meditationsgottheit im Tantra-Yoga der höchsten Stufe, die mit Heruka verbunden ist.

**Vinaya**
Gesamtheit der Texte, die die Regeln der monastischen Disziplin und des moralischen Verhaltens festlegen. Der Vinaya ist das Gesetzbuch der buddhistischen Ethik.

**Yidak** oder **Preta**
Hungriger Geist.

**Yidam**
Naropa stellte Marpa einmal die Frage, wem er sich denn zu Füßen werfen wolle, dem Lama oder dem Mandala von Khorlo Demchok. Der war der Meinung, daß er seinen Lehrer oft sähe, den Yidam jedoch weniger oft. Also wolle er sich dem letzteren zu Füßen werfen. Naropa sagte ihm, daß er im Irrtum sei, denn ohne den Lama manifestiere sich der Yidam nicht.

## Die Fünf Buddha-Familien

| | Vairochana | Akshobhya | Ratnasambhava | Amitābha | Amoghasiddhi |
|---|---|---|---|---|---|
| Windrichtung | Mitte | Osten | Süden | Westen | Norden |
| Bīja (mystische Silbe) | OM | HUM | TRAM | HRIH | AH |
| Mudrā | Dharmachakra | Bhūmisparsha | Varada | Dhyāna | Abhaya |
| Namensbedeutung | glorreich | unerschütterlich | im Juwel Geborener | unendliches Licht | unfehlbares Gelingen |
| Familie | Tathāgata | Vajra | Ratna | Padma | Karma |
| Symbol | Dharmachakra | Vajra | Ratna | Padma | Vishvavajra |
| Farbe | weiß | blau | gelb | rot | grün |
| Skandha | Vijñāna | Rūpa | Vedanā | Samjñā | Samskāra |
| Persönlichkeitsaspekt | Wissen | Hinnahmebereitschaft | Wahrnehmung | Gewissen | Handlung |
| negative Energie | spirituelle Blindheit | Zorn | Hochmut | Leidenschaft | Eifersucht |
| Weisheit | Weisheit der letzten Wirklichkeit | Spiegelgleiche Weisheit | Weisheit der Gleichheit | Unterscheidende Weisheit | Allesvollendende Weisheit |
| Element | Äther | Wasser | Erde | Feuer | Luft |
| Vaha (Träger) | Löwe oder Drache | Elefant | Pferd oder Löwe | Pfau | Harpyie |
| Prajñā (Partner) | Vajradhātvishvarī | Buddhalochanā | Māmakī | Pāndaravāsinī | Samayatārā |
| Bodhisattva ("spiritueller Sohn") | Samantabhadra | Vajrapāni | Ratnapāni | Avalokiteshvara | Vishvapāni |
| Dākinī | Buddhadākinī | Vajradākinī | Ratnadākinī | Padmadākinī | Vishvavajrdākinī |

# Verzeichnis der erklärenden Kastentexte